반려동물 끝판왕
앵무새

세 마리의 앵무새를 키우며 알게 된 이야기들

반려동물 끝판왕
앵무새

박주하 지음

" **반려동물로 앵무새를 추천합니다** "

앵무새의 건강관리부터
실제 일상을 담은 에피소드까지
생생하게 전달하는 이야기

바른북스

하나님께서 온갖 날개 달린 새들을 그 종류대로 창조하셨습니다.
하나님께서 보시기에 좋았습니다.

(창 1:21_중에서)

프롤로그

강아지 고양이 말고
앵무새를 추천합니다

나는 어릴 때부터 길가에 있는 참새, 까치, 비둘기에게 관심이 많았다. 길에서 새를 보면 너무 귀여워서 만져보고 싶은 마음이 들었다.
그리고 만 9살이 되던 해, 나는 생일 선물로 첫 반려동물인 앵무새 투투를 분양받았다. 이어서 어린이날 선물로 또 다른 앵무새 코코를 선물로 받았고, 만으로 10살이 되던 해 생일 선물로 또또까지 받으며 지금은 세 마리의 앵무새와 살고 있다. 비록 중간에 별이 된 앵무새가 있어서 힘들고 마음 아픈 일도 있었지만 그만큼 행복한 일도 많이 있다.

뭐든지 처음에 아무 정보도 없이 시작한다면 분명히 힘들 것이다. 앵무새 키우기도 똑같다. 처음에 투투를 키울 때 내가 그랬다.

깃털 하나가 빠져서 피가 난 적이 있는데 너무 놀라서 엄청나게 걱정하고 시도 때도 없이 앵무새 분양받은 곳에 전화해서 물어보곤 했다. 처음에는 급한 마음에 유튜브로 앵무새에 관해 검색해 보았지만 앵무새를 키우는 것에 관한 영상이 거의 없었다. 앵무새를 키우는 사람들이 모여 있는 인터넷 카페에 가입해서 글도 읽어보고 질문을 해보기도 했지만 답이 없을 때가 많았고, 허위 정보도 많았다. 난 그 후 앵무새에 관한 책을 구입해서 읽고 또 읽고 거의 외울 때까지 읽으며 공부를 시작했다. 하지만 강아지나 고양이에 비하면 앵무새에 관한 책은 많지 않았다. 이 모든 게 앵무새는 생소한 특수반려동물이라서 그런 줄 알았지만 해외에서는 이야기가 또 달라졌다. 작년에 하와이에 갔는데 반려동물 표시로 앵무새가 그려져 있었고, 길에는 앵무새를 키우는 사람이 돌아다니기도 했다. 큰 마트 반려동물 용품 코너에 앵무새 용품이 한가득 있었다. 우리나라에는 반려동물이 강아지와 고양이밖에 없는 것 같은 모습이다. 그래서 내가 이 책을 쓴다. 일종의 앵무새 홍보용이다!! 우리나라도 앵무새를 키우는 문화가 발전하기를 바란다.

프롤로그

우리 집 이야기

저는 이제 만으로 11살인 초등학교 5학년 박주하입니다.

우리 집에는 그 무엇과도 바꿀 수 없는 저의 반려동물이자, 가족인 투투, 코코, 또또가 있습니다. 제 첫 앵무새인 투투가 없었더라면 제 인생에서 앵무새는 그냥 그저 동물로 남았을 것입니다. 코코는 투투의 둘도 없는 단짝입니다. 우리 집의 미모를 담당하고 있답니다. 또또는 우리집 막내 코뉴어입니다. 귀여운 만큼 사고도 많이 치지만, 화가 날 때 또또를 보면 기분이 싹 풀린답니다.

저는 매일 자라는 중입니다. 아직 부족한 부분이 많지만 재미있게 읽어주세요.

목차

프롤로그 강아지 고양이 말고 앵무새를 추천합니다
우리 집 이야기

CHAPTER 1. 앵무새의 종류

소형 앵무 019
중형 앵무 027
대형 앵무 037

CHAPTER 2. 앵무새의 일상

앵무새의 하루 일과 051
앵무새와 함께 살기 전 1 055
앵무새와 함께 살기 전 2 057
앵무새와 함께 살기 시작 061
앵무새와 함께 살기 067
기본적인 음식과 식사법 075

| CHAPTER 3. | **앵무새의 마음**
(투투의 마음, 코코의 마음, 또또의 마음, 앵집사의 마음) |

앵무새가 보내는 신호 이해하기 097

금쪽같은 앵무새 101

| CHAPTER 4. | **앵무새의 건강** |

앵무새의 눈 117   앵무새의 비듬 현상 133

앵무새의 코 123   콧물, 재채기 137

앵무새의 귀 127   응가 139

앵무새의 깃털 129   아플 땐 이렇게 141

CHAPTER 5.

앵집사의 쇼핑 리스트

이건 정말 잘 샀다 149

이건 괜히 샀다 155

Must to go 159

Must to do 161

부록　　앵무새 고사 1차

　　　　　앵무새 고사 2차

　　　　　투투 코코 또또 일상 사진

에필로그　반려동물 끝판왕 앵무새를 추천합니다!

Thanks to

인기 앵무새 모음

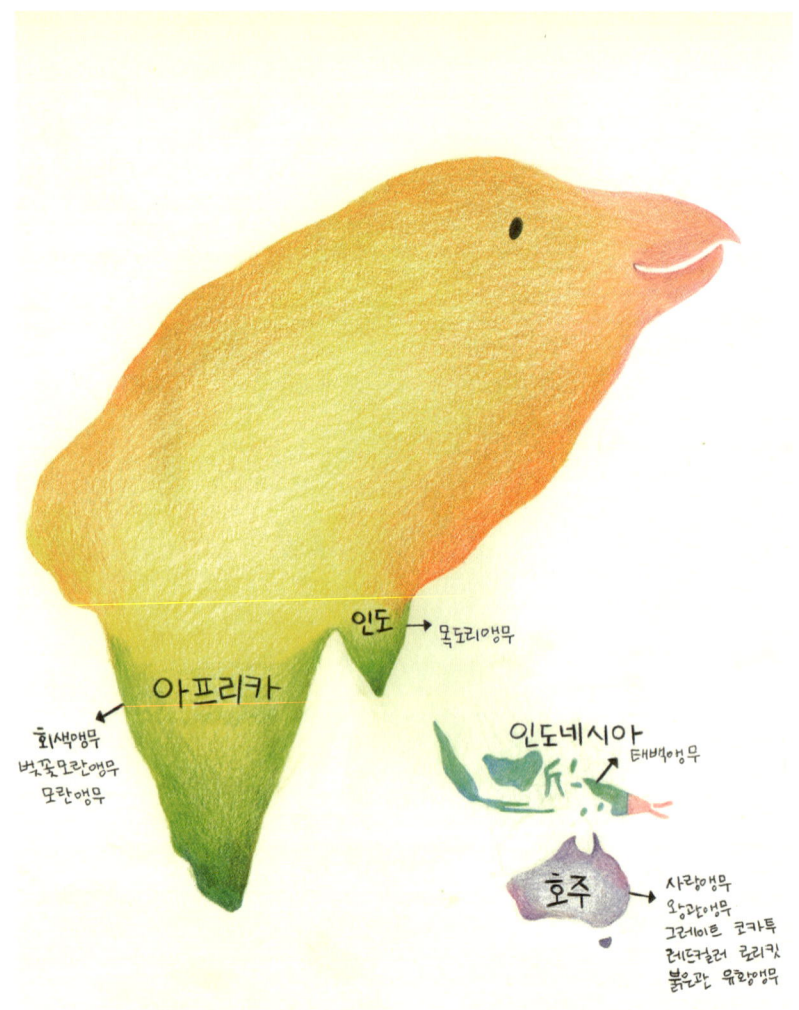

남아메리카 → 빗창앵무
유리앵무
코뉴어
카이큐
쿠웨이커
청모자 아마존
황모자 아마존

CHAPTER 1.

앵무새의 종류

앵무새를 키우려면 제일 먼저 앵무새의 종류에 대해서 알아야겠죠~
초보 집사님들께 어울리는 성격의 앵무새와 집사님들
상황과 환경, 조건에 맞는 앵무새들을 소개해 드릴게요.
그런데, 이런 말이 있어요.
"앵무새를 안 키우는 사람은 있어도 한 마리만 키우는 사람은 없다."
앵무새의 매력에 한번 빠지면,
더 많은 앵무새를 너 키우고 싶어진답니다!

빗창앵무 (사자나미)

몸길이: 약 16cm
수명: 약 15년

> 사진의 자세가 바로 빗창앵무들의 시그니처 포즈예요! 너무 귀엽죠~

빗창앵무는 무늬가 잔물결 같아서 일본어로 잔물결인 사자나미를 이름으로 가지고 있어요.
앞으로 기울인 자세가 귀엽고 성격도 좋아 인기가 많아요. 밥을 먹을 때도 이 포즈를 취하는데, 더더 귀여워요! 그렇지만 소화 능력이 떨어져 곡식보다는 펠렛 사료를 주는 것이 좋아요.

소형 앵무

사랑앵무 (녹색잉꼬)

몸길이: 약 20cm
수명: 약 7~14년

사랑앵무는 소형 앵무새 중 가장 인지도가 높아요.

다른 새와도 잘 지내고 주인도 잘 따라서 예전부터 사람들이 좋아했다고 해요. 색깔이 곱고, 긴 꼬리가 예뻐요.

에버랜드에서 새 모이 주는 체험을 했을 때 만났던 앵무새예요.

사랑앵무의 가장 큰 장점은 몸이 튼튼하다는 것과 새 소리가 작고 예쁘다는 것이에요. 이름처럼 많은 사람들에게 사랑받는 앵무새예요.

> **경험담**

　엄마랑 서울에 있는 큰 마트에 갔는데, 계산하는 곳 근처에서 물고기와 앵무새를 분양하고 있었어요. 마트에서 물고기를 파는 경우는 종종 봤지만 앵무새를 분양하는 것은 처음 봐서 신기하고 반가웠어요. 자세히 보니 모두 사랑앵무였어요. 하지만 반가움도 잠시, 그 작은 새장 안을 들여다보니 너무 마음이 아팠어요. 좁은 새장 안에서 수십 마리가 모여 있는 것도, 지저분한 새장도 너무너무 마음이 아팠어요. 그 안에 아파서 눈도 잘 뜨지 못하는 앵무새도 있었어요. 너무 초라하게 지내고 있는 그 새들을 다 집에 데려와 제대로 키우고 싶었어요.

　앵무새는 꼭! 아무 곳에서가 아닌 앵무새 전문 분양하는 곳에서만 분양받았으면 좋겠어요. 더욱이 사랑앵무는 정말 똑똑한 새이기 때문에 더욱 마음이 아팠어요. 새는 곤충이나 물고기가 아니에요. 지능과 감정이 모두 있는 반려동물이에요.

유리앵무

몸길이: 약 12cm
수명: 약 20년

TIP!
야생에선 나무를 갉아 죽일 만큼 힘이 세요.
그러니 발정기인 유리앵무에게 물리면 정말정말 아파요ㅠㅠ 조심하세요!

유리앵무는 소형 중에서도 제일 작은 종이에요. 실제로 보면 정말 귀엽고 예뻐요. 참새보다 조금 크고 병아리보다 작아요. 작고 사랑스러운 몸집에 비해 힘이 많이 세고 활발해요. 행동이 귀여워서 최근 인기를 얻고 있어요. 몸집이 작다고 목소리가 작은 것은 아니에요. 유리앵이들의 소리는 얇고 높은 편이지만 하루에 적으면 3~4번, 많으면 5~8번 정도 크게 울지만, 거의 조용하게 지내는 예쁜 친구들이에요.

> 저는 유리앵무를 제일 예뻐해요. 진짜 예쁘고 사랑스럽거든요. 우리 투투가 처음 집에 왔을 때 4개월 정도였는데, 새장 밖에 꺼내주면 궁금한 게 많았는지 늘 고개를 쭉 빼고 엄청 두리번거렸어요. 그 모습이 얼마나 귀여웠는지 몰라요. 지금은 집의 구조를 다 알아서 그런지, 그때의 투투 모습은 없어졌어요.

모란앵무

몸길이: 약 15~17cm
수명: 약 10~12년

벚꽃모란앵무(비눈테모란앵무)

모란앵무(눈테모란앵무)

모란앵무는 꽁지가 짧고 몸이 전체적으로 동그스름한 게 특징이며 사람과 배우자(짝)를 굉장히 사랑해요. 하지만 세력권에 대한 경쟁심이 엄청나서 배우자 말고 다른 새들에게는 사나워요.

모란앵무의 영어 이름은 Love bird예요. 사랑앵무와 같은 영어 이름이죠. 다른 앵무새들과 다르게 사랑앵무와 모란앵무는 절대로 번식을 위해서 파트너를 바꾸지 않고 한번 사랑하면 영원히 한 파트너와 영원히 사랑을 해요. 그래서, 주의할 점은 파트너가 아닌 다른 새나 사람에게는 공격적인 면을 보이기도 해요.

러브버드란?
벚꽃모란앵무와 모란앵무 등 모든 모란앵무를 부르는 말이에요. 두 마리가 같이 붙어 있으면 하트 모양이 돼서 러브버드예요.

왕관앵무

몸길이: 약 30~35cm
수명: 약 13~25년

우관과 주황색 볼이 특징인 왕관앵무는 온순하고 끼가 많아서 인기가 많아요. 하지만 겁이 많아서 '왕관앵무패닉' 현상을 보일 때도 있고 파우더가 날려요.

왕관앵무들은 빗창앵무들의 중소형 버전이라고 할 수 있어요. 왜냐하면 MBTI에서 I 유형이라서 성격이 비슷하거든요. 얌전하고 겁많은 예쁜 스타일이에요. 반면 유리앵무들은 MBTI에서 E 유형이라서 활발하죠~

중형 앵무

파인애플 그린칙 코뉴어

몸길이: 약 25cm
수명: 약 20~25년

파인애플 그린칙 코뉴어는 아주 활발하고 끼가 많으며 사육자를 잘 따라요. 가르치면 말도 한두 마디 할 수 있어요. 부리의 힘이 강한 편은 아니지만 무는 습관이 있어서 교육을 잘 시켜야 돼요.

"

우리 또또는 블루 파인애플 그린칙 코뉴어예요. 일반적으로 사람들이 코뉴어라고 말하는건 파인애플 그린칙 코뉴어라고 할 수 있어요. 썬 코뉴어는 조금 다른 특징이 있어서 다음 페이지에서 설명할게요.

우리 또또는 "또또야~."라는 말을 아주 잘해요. 가족들을 물진 않지

> 만 모르는 사람이 집에 놀러 오면 반가움의 표시로 물려고 해요. 아프진 않지만 물려고 하면 다들 겁을 내요. 나는 사람들이 또또를 무서워하면 좀 서운한 마음이 들어요~ 우리 또또 무서워하지 말아주세요.

메모

코뉴어들은 뺨이 초록색이고 깃털이 비늘무늬처럼 보여서 순우리말로는 '초록뺨 비늘무늬 앵무'예요~

썬 코뉴어

몸길이: 약 30cm
수명: 약 15년

썬 코뉴어는 화려한 색상으로 인기가 많아요. 놀기를 좋아하고 사람을 잘 따르며 혼자 있을 땐 사람이 그리워 부르기 위해 빽빽 울어대요. 울음소리가 좀 큰 편이에요.

퀘이커 앵무

몸길이: 약 30cm
수명: 약 25년

퀘이커 앵무는 코뉴어보다 살짝 크고 말도 잘하고 끼도 많아요. 한마디로 똑똑하고 예쁜 새예요. 털의 무늬가 거의 없고 색이 참 고와요. 성격은 온순하지만 목소리는 좀 커요.

메모
퀘이커는 똘똘해서 사람의 말을 잘 이해하는 편이에요~

카이큐

몸길이: 약 25cm
수명: 약 30년

카이큐는 머리가 검은 게 특징이고 장난꾸러기예요. 활달한 성격이지만 부리가 강해서 주의해야 해요. 모든 동물이 마찬가지지만, 어릴 때부터 잘 교육시키면 가족은 물지 않아요. 이래서 가정 교육이 중요한 거예요.

"
카이큐는 장난꾸러기라서, 사람으로 비교하면 관종이에요. 너무 귀여운 모습이 예뻐서 저도 키워보고 싶은데 분양가가 굉장히 비싸더라고요. 그만큼 귀하고 개성 있다는 뜻이겠죠. 저도 나중에 크면 꼭 키워보고 싶어요!

레드컬러 로리킷(오색앵무)

몸길이: 약 30cm
수명: 약 20~30년

오색앵무는 선명하고 알록달록한 깃털이 특징이며 말에 재능이 있고 사람을 좋아해요. 제가 싱가포르에서 버드 파라다이스에 갔을 때 저에게 날아와서 제 어깨에 앉기도 했어요. 움직일 때 아기들 신발에서 나오는 삑삑 소리를 내서 더욱 귀여웠어요. 과일을 좋아하는 종이에요. 그래서 변이 묽어요.

목도리앵무

몸길이: 약 40cm
수명: 약 25년

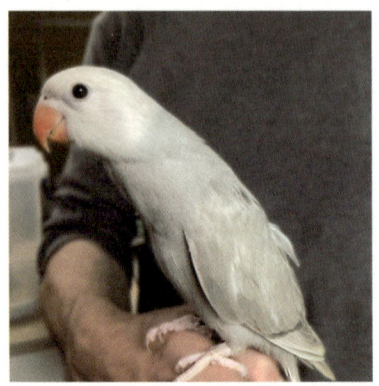

목도리앵무는 소탈하고 멍청한 몸짓 때문에 인기가 많지만, 좀 신경질 적이에요. 수컷인 경우에는 목에 목도리 같은 띠무늬가 특징이에요.

❝
영어학원에서 선생님께서 내가 앵무새를 키운다는 것을 아시고 선생님도 앵무새를 키웠다고 말씀하셨어요.
"The bird I was raising had patterns around its neck. It was a Ring-necked Parakeet." 나는 목도리앵무가 영어로 Ring-necked Parakeet 인 걸 알고 있었기 때문에 더욱 반가웠어요. 미국에서는 목도리앵무를 코뉴어처럼 많이 키워요. 저도 키워보고 싶어요.

회색앵무

몸길이: 약 30cm
수명: 약 40년

회색앵무는 성격도 얌전하고 재능, 말, 끼까지 완벽해서 인기가 많지만 파우더가 날리고 예민하다는 단점이 있어요. 최대 5살 아이의 지능을 가지고 있어요.

지능이 높은 회색앵무

지금까지의 앵무새 중 가장 똑똑했다는 알렉스!
최대 200개의 단어를 이해하고 구상했어요.
사람 5살 아이의 지능을 가지고 있었지만 공부로 인한 스트레스로 인해 30세에 생을 마감했어요.

청모자 아마존

몸길이: 약 35cm
수명: 약 40년

이마가 파란색 모자를 쓴 것 같아서 '청모자 아마존'이라고 불려요. 사교적이고 말을 잘해요.

메모

아마존은 장문의 말과 노래를 잘해요. 사람과 대화가 될 수 있을 정도의 언어 실력을 가지고 있어요.
어떤 청모자는 황모자와 무척 비슷할 수도 있어요. 하지만 청모자는 조금이라도 머리 앞쪽에 파란색이 있고 뒤로는 노란색이 있다는 사실을 기억하세요.

황모자 아마존

몸길이: 약 35cm
수명: 약 40년

특히 노래를 잘하는 특징이 있어요. 이마가 황색(노란색) 모자를 쓴 것 같아서 이런 이름이 붙여졌어요. 성격은 용맹해요.

> 아마존 중에 인어력이 기장 좋고 덩치도 큰 편이에요. 목의 모습이 곰돌이같이 귀여워요. 외향적이고 말을 잘하고 날개나 가슴에 노란 털이 많을수록 퀄리티가 높아요. 분양 가격이 천만 원이 넘는 아마존도 있어요.

태백앵무 (엄블렐라 코카투)

몸길이: 약 48cm
수명: 약 40년

전신이 온통 흰색이에요. 노는 것을 좋아하고 어리광을 잘 부려요. 복슬복슬한 털이 귀여워서 인기가 많아요.

" 완전 백색이라서 눈사람 인형이 움직이는 것 같아요. 기분 좋을 때 8자로 고개를 많이 흔들어요. 태백앵무는 타고난 춤꾼이에요.

큰유황앵무 (그레이트 코카투)

몸길이: 약 50cm
수명: 약 50~60년

노란색 우관이 매력적이에요. 말을 잘하고 사람을 많이 좋아해요. 간혹 고함 소리가 크고 파우더가 날려요.

메모

애교가 많고 사람을 좋아해서 하루 종일 곁에 있기를 바라기도 해요. 걸걸한 담배 핀 목소리 같기도 해요. 가끔 기차 화통 같은 소리를 내서 아파트에서 키우면 민원이 발생할 수 있어요. 우관을 멋지게 펼치면서 큰 소리를 내기도 해요. 하지만 깃털과 파우더가 많이 날려서 기관지가 나쁜 사람에겐 추천하지 않아요.

대형 앵무

붉은관 유황앵무

몸길이: 약 40cm
수명: 약 40~50년

몸이 예쁜 핑크색이에요. 우관이 공작처럼 아름답고 색이 정말 고와요. 제가 실제로 봤을 때 첫인상이 딱 '너무 예쁘다.'였어요.

회색앵무나 붉은관 유황앵무처럼 이름에 색깔이 들어가면 이 종의 앵무새는 오직 이 색깔밖에 없는 거예요. 하지만 코뉴어처럼 이름에 색이 없는 경우에는 여러 가지 색깔이 있는 종이에요.

메모

앵무새는 사람의 마음을 이해해요. 앵집사가 기뻐하면 같이 기뻐해주고 앵집사가 슬퍼하거나 울고 있을 때 앵무새는 가만히 옆으로 다가와서 어깨에 앉아 있어요. 우리는 대화할 때 말로만 소통하는 것이 아니라 표정과 목소리의 크기나 말투로 그 사람의 기분을 알아채는 것처럼, 앵무새도 알 수 있어요. 그래서 우린 친구가 될 수 있는 거예요.

청금강앵무 (블루&골드 마카우)

몸길이: 약 85cm
수명: 약 60~80년

TV에 많이 나오는 새예요. 말을 아주 잘하고 그만큼 스크리밍도 크게 자주 해요. 예전에 동물농장에도 나온 적 있는데, 새장 문뿐만 아니라 집 창문도 열고 밖으로 나갈 정도로 똑똑해요.

홍금강앵무 (그린 윙 마카우)

몸길이: 약 90cm
수명: 약 60~80년

앵무새의 대표적인 새예요. 빨간 깃털에 큰 부리가 정말 귀여워요. 울음소리가 저음이라 크게 울려요.

> 6살 때 유치원에서 동물원으로 소풍을 간 적이 있는데 거기 앵무새가 있었어요. 그 새가 금강앵무였어요. 역시 금강앵무는 앵무새들 중 대표 같아요. 그때 나는 앵무새들은 내가 말하는 대로 따라 하는 줄 알았어요. 근데 그게 아니에요. 앵무새들은 배운 언어를 학습해서 자기가 하고 싶을 때 하는 거예요.

대형 앵무

뉴기니아

몸길이: 약 40cm
수명: 약 40년

뉴기니아는 암수 구별이 아주 확실해요. 빨간 앵무새가 암컷, 초록 앵무새가 수컷이에요. 암수 모두 섬세한 면이 있어 예민한 편이에요.

메모

인형보다 더 인형처럼 예쁜 앵무새.
앵무새도 인형을 좋아해요. 앵무새는 눈이 좋고 잘 알아보기 때문에 인형을 친구로 생각하는 경우가 많아요. 앵무새 한 마리를 키운다면 새가 좋아하는 애착 인형을 만들어 주면 좋아요. 우리 또또는 인형뿐만 아니라 담요나 쿠션과 같이 부드러운 물건에 애착을 느끼고 좋아해요.

쉬어가는 페이지

코코, 괜찮아

나는 못 날지만 괜찮아

가장 친한 내 친구
투투 있어서 괜찮아

내가 제일 좋아하는 간식
산딸기 먹으니 괜칞아

날마다 꿈에서
날 수 있는 나를 만나 괜찮아

CHAPTER 2.

앵무새의 일상

앵무새와 살아가는 일상을 공개합니다.
'나 혼자 산다'가 아닌 '앵무새와 함께 산다'

앵무새의
하루 일과

야생 앵무새와 반려 앵무새는 하루 일과가 매우 차이가 납니다. 예를 들어, 야생에서는 먹이 활동과 수명 같은 생존에 유리한 일정을 중심으로 하고, 반려 앵무새는 느긋한 '무리와의 교류'를 중심으로 합니다.

○ 새장 생활을 하는 투투&코코와 앵집사의 하루

	투투&코코	앵집사의 하루
아침	일어나기 아침 먹기 털 긁기, 놀기, 무리와의 교류 등 또 밥 먹기, 계속 먹기	반갑게 아침 인사 해주기 밥 주기(물 갈아주기) 아침식사: 여러 가지 알곡, 해씨 새장 청소
점심	자유 시간(목욕, 털정리) 점심 먹기 또 밥 먹기, 계속 먹기	놀아주기 간식 주기(물 갈아주기) 점심 간식: 여러 가지 알곡과 건조된 과일 또는 밀렛
저녁	저녁 먹기 잘 준비하고 또 밥 먹기, 계속 먹기(하품하기, 자리 잡기) 취침	밥그릇 확인하고 부족하면 채워주기 물그릇 확인하고 더러우면 바꿔주기 꿀잠을 잘 수 있게 해주기

메모

예전에는 저녁이 되면 새장을 담요로 덮어줬는데 이제는 새장에 덮개를 씌우지 않아요. 앵무새 키우기에 대해서 알아보다가 새가 자고 있다면 덮개를 씌우는 것이 상관없지만 아직 활동 중인데 새장의 덮개를 강제로 씌우면 스트레스를 받는다는 사실을 알았어요. 새장 덮개를 씌웠는데 사람들이 잠들지 않아 생활 소음이 들린다면 앵무새는 너무 답답해서 스트레스를 받아요. 제가 입장 바꿔서 생각하니 정말 싫을 것 같았어요. 그래서, 요즘엔 자연스럽게 잠들게 돼요. 그리고 어떤 앵집사님들은 잠잘 때 새장 위치를 바꿔주기도 하는데, 전 가능한 새장 위치를 바꾸지 않아요. 항상 바라보는 그 위치가 좋을 것 같아서요.

○ 새장 밖에서 생활을 하는 또또와 앵집사의 하루

	또또	앵집사의 하루
아침	일어나기 응가하기 언니 깨우러 언니 방 가기 언니 어깨에 앉아 있기 아침 먹기 털 긁기, 놀기 또 밥 먹기, 계속 먹기 집 안 날아다니며 놀기	반갑게 아침 인사 해주기 쓰다듬어 주기 밥 주기(물 갈아주기) 아침식사: 야채(당근, 파프리카, 브로콜리 등)와 여러 가지 알곡 새장 및 스탠드 주변 청소하기 응가 닦기
점심	자유 시간(목욕. 털 정리. 투투&코코 새장에 가서 놀아달라고 조르기) 엄마 옆에서 놀기 아빠 책상 위에 있는 물건 떨어뜨리며 놀기, 그러다가 엄마한테 혼나기 창문 밖 바라보기 점심 먹기 또 밥 먹기, 계속 먹기 엄마가 외출하면 기다리기	놀아주기 간식 주기(물 갈아주기) 점심 간식: 여러 가지 알곡과 해바라기 씨, 건조된 과일 또는 밀렛

저녁	저녁 먹기 아빠가 뉴스 보면 액자 위에 올라가서 같이 뉴스 보기 잘 준비하고 또 밥 먹기, 계속 먹기 (하품하기, 자리 잡기) 취침	밥그릇 확인하고 부족하면 채워주기 물그릇 확인하고 더러우면 바꿔주기 꿀잠을 잘 수 있게 해주기

메모

새는 잠을 잘 때, 뇌의 절반은 자고, 나머지 절반은 주변을 경계하기 위해서 깨어 있다고 해요. 그렇지만 코뉴어는 하루의 43%는 좌우 뇌가 모두 깨어 있는 상태로 생활하고, 나머지는 사람과 같이 전체 수면 상태로 잠을 자요.

앵무새의 하루 일과

앵무새와
함께 살기 전 1

앵집사로서의 마음가짐!

나 _____ (은)는 앵무새를 키우기 위해 다음 3가지를 꼭 지키겠습니다.
1. 앵무새가 아프면 당장 병원에 데려갈 것입니다.
2. 앵무새를 귀찮게 하지 않을 것입니다.
3. 앵무새를 위해서는 돈을 아까워하지 않을 것입니다.

년   월   일

(인)

1. 가족들의 이해
한 명이라도 싫어하면 앵무새는 스트레스를 받아요.
모두의 동의가 필수예요.

2. 새장이 놓일 위치
- 깨끗한 집 안 환경
- 적절한 온도와 습도
- 충분한 물과 밥

3. 비용 (평균 비용)
- 사랑앵무 약 50,000원~
- 모란앵무 약 100,000원~
- 유리앵무 약 100,000원~
- 코뉴어 앵무 약 200,000원~
- 퀘이커 앵무 약 400,000원~
- 앵무새 최고가 1억 원~

앵무새와
함께 살기 전 2

나에게 어떤 앵무새가 맞을까?
내가 원하는 앵무새는 어떤 종류일까?

① 작고 예쁜 새를 원한다면 ▶유리앵무, 모란앵무

② 저렴한 새를 원한다면 ▶사랑앵무

③ 내 말을 잘 듣는 새를 원한다면 ▶중형 앵무

  - 코뉴어, 퀘이커, 카이큐

④ 말을 잘하는 새를 원한다면 ▶대형 앵무

분양 방법: 앵무새 전문점에서 구입하기

+ 앵무새 새장부터 용품까지 세트로 구입 가능
+ 전문적인 설명을 들을 수 있음
  인터넷 카페보다는 비싼 가격
추천 숍: 버드파파(전화: 0507-1338-8288)
  https://www.birdpapa.co.kr/
추천 이유: 새에 대해 굉장히 전문적이고, 사장님 부부는 새를 정말 사랑하는 느낌이 들어요. 그리고 여기서 분양받은 새들은 모두 건강하다는 것이 가장 큰 장점이에요. 우리 가족이 여행 갈 때 새들을 마음 놓고, 믿고 맡길 수 있어요.

앵무새와 함께 살기 전 2

인터넷 카페를 통한 가정 분양/지인을 통한 분양

+ 조금 저렴한 비용
+ 앵집사님께 앵집사 지인이 생길 수 있음
+ 앵무새 카페에 원하는 유형의 앵무새를 올릴 경우, 그에 맞는 앵무새를 입양할 수 있음
▶ 전문가의 조언을 들을 수 없고, 앵무새가 아프거나 비상시 도움을 받기가 어렵다.

건강한 앵무새 한눈에 알아보는 법

방법 1. 손가락에 올려 기울여 보기

앵무새를 손가락에 앉게 하고 손가락을 기울여 보세요.
앵무새가 힘없이 손가락에서 떨어지면 아픈 거예요.

방법 2. 쉴 때 자세 보기

쉴 때 자세를 한번 보세요.
등에 머리를 파묻은 자세는 아프거나 추울 수 있고 몸에 이상이 있는 증상이에요.
그냥 밤에 자거나 주변이 추워서 그럴 수 있지만 낮에 따뜻할 때 그러고 있으면 병원 고고!

방법 3. 항문 만져보기

앵무새의 항문을 한번 보아주세요.
젖어 있으면 아픈 것이니 빨리 병원에 데려가요!
새가 면역성이 떨어지거나 몸에 이상이 생기면 설사 증상이 나타나기 때문에 항문이 젖고 항문 주변 털이 더러워져요.

앵무새와
함께 살기 시작

아기 앵무새 적응기

(코뉴어 시점)

1. 덜덜덜… 여긴 어디 나는 누구

2. 밥은 먹어야지… 냠냠

3. 어… 좀 착한 사람 같아.

4. 좀 귀여워하게 해줄게.

5. 아, 여기 안은 좀 답답한데… 나가보고 싶어.

6. 주인아 언제 와♥

7. 언니(오빠) 우리 놀자~~~아.

8. (애교 폭발)

9. 적응 완료

앵무새를 분양받아서 집에 데려왔을 때, 최소 3일은 만지지 말고 바라만 봐야 해요. 귀엽다고 막 만지면 스트레스를 많이 받을 수 있어요. 3일 동안 잘 자고 잘 먹는지 세심하게 관찰해 주세요.

합사인 경우 꼭~ 알아두세요.
앵무새가 나랑 친했으면 좋겠지만 앵무새 친구를 만들어 주고 싶다면 처음에 한 마리를 입양하고 나랑 충분히 친해진 후에 친구를 만들어 주셔야 해요. 그래야 주인과도 친하고 앵무새 친구와도 잘 지낼 수 있어요. 그렇지 않으면 우리 투투랑 코코처럼 둘이서만 놀 수도 있어요.

> 6살 때 놀이터에서 친구와 놀고 있었는데 앵무새가 어떤 언니 어깨 위에 앉아 있었어요. 너무 신기해서 나는 친구와 함께 앵무새에게 다가 갔어요. 근데 앵무새가 날아가지 않아서 왜 앵무새가 날아가지 않냐고 언니에게 물었더니 언니가 앵무새가 윙컷을 했다고 말했어요. 나는 앵무새를 그렇게 키우는 것이 너무 신기하고 귀엽다고 생각했어요. 근데 엄마는 조금 무서워했어요.
> 지금 생각해 보니 그 언니가 데리고 있던 새는 썬코뉴어였던 것 같아요.

메모

윙컷은 무엇이고 꼭 해야 할까요?

윙컷은 앵무새의 날개를 부분적으로 자르는 것을 말해요. 윙컷을 하는 이유는 날아서 도망치는 것을 막고, 앵집사를 잘 따르게 만들기 위해서예요.

우리 투투는 처음부터 윙컷을 해주면서 키웠기 때문에 잘 날지 못해서 계속 윙컷을 해주고 있어요.

또또는 분양받을 때 윙컷을 해서 데려왔지만 새장에서 지내지 않고 새장 밖에서 지낼 뿐만 아니라 나는 것을 좋아해서 윙컷을 하지 않고 키우고 있어요. 집에서 잘 지내고 창문에 부딪히는 일이 한 번도 없었어요.

윙컷을 하는 것이 반려조의 경우, 안전하다는 의견도 많지만 윙컷을 하면 날개가 다시 자라도 바르게 날지 못하는 경우가 많아서 계속 윙컷을 해야 돼요. 아기 때부터 사고를 예방하면서 잘 날도록 교육하면 자유롭게 날아다니면서 살 수 있어서 저는 윙컷을 하지 않는 것을 추천해요. 하지만 아기 때 분양받는 것이 아니고 사고 예방을 할 자신이 없다면 안전하게 윙컷을 해서 키우세요. 제일 중요한 건 앵무새가 건강하게 지내는 것이니까요.

그리고 비전문가가 손을 댔다가 앵무새가 상처를 입기 쉬우니 윙컷은 반드시 전문가에게 부탁하세요!

아기 앵무새 적응기

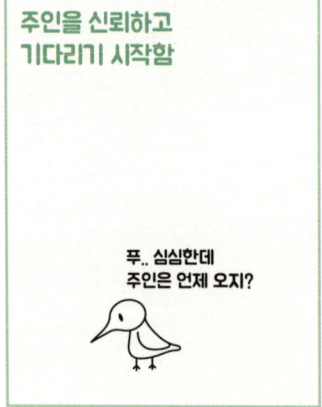

쉬어가는 페이지

처음 입양했을 때처럼
잘 돌보아 주세요

쉬어가는 페이지

앵무새와
함께 살기

앵무새와 함께 살기 시작했다면, 이런 것은 반드시 준비해 주세요

- 새장 _중요도 ★★★★★

  집에 살려면 당연히 방이 있어야겠죠?

- 밥(사료) _중요도 ★★★★★

  사람 밥은 줄 수 없으니까!!

- 장난감 _중요도 ★★★

  주인이 없을 때 외로워하지 않게!!

- 기타 밥그릇 _중요도 ★★★★

  밥을 바닥에 줄 수 없으니까 ^^

투투, 코코 새장

　투투와 코코 새장에는 밧줄이 있어요. 투투와 코코가 제일 좋아하는 거예요. 살짝 구부려서 꽂아주면 재미있게 지낼 수 있어요. 밥그릇과 물그릇은 여기저기 다양한 종류로 달아주었어요. 기분에 맞춰 골라서 먹을 수 있어요. 발톱 갈이 횟대는 쉴 수도 있고 발톱을 갈 수도 있어서 1~2개 달아주면 좋아요. 그리고, 장난감과 침대는 앵무새가 좋아하는지 보고 달아주면 돼요. 그리고, 말린 오징어 뼈 간식과 미네랄 블록 등을 새장에 달아주면 먹고 싶을 때 먹어요. 새장 밑에는 강아지용 배변 패드를 깔아주었고, 엄마가 2일에 한 번씩 갈아주고 있어요. 앞에서 말한 것처럼 물은 하루에 2번씩 갈아주고 밥은 수시로 체크하되 하루 한 번은 꼭 갈아주세요. 이때 남은 모이는 아끼지 말고 다 버리고 새로운 모이를 채워주세요.

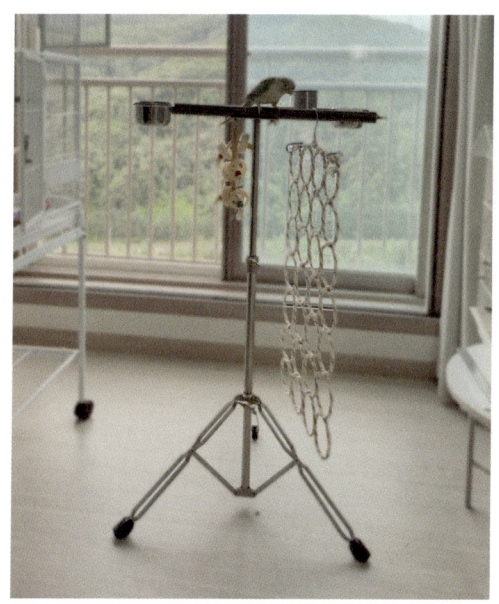

스탠드

    스탠드는 원래 투투와 코코가 쉬는 용도로 샀는데, 투투와 코코는 새장에서 나오는 걸 안 좋아하고 코코가 떨어지면 다칠 위험이 있어서 거의 또또가 사용해요.

    스탠드에는 모이와 물을 담을 그릇이 있고 여러 가지 장난감을 달 수 있어요. 그리고 무엇보다 창밖을 바라보며 쉴 때 가장 좋아요. 우리 또또가 제일 좋아하는 장소예요.

    우리가 사용하는 이 스탠드는 소형, 중형, 대형 앵무새가 모두 사용할 수 있어요. 가격은 19만 원이에요.

또또 텐트

　새장 밖에서 생활하는 또또는 처음에 새장 밖 소파에서 잠을 자곤 했어요. 근데 그건 너무 위험했어요. 사람이 무심코 앉다가 또또를 깔고 앉아버릴 수도 있기 때문이죠. 아무리 새장에 넣어서 잠을 재우려고 노력을 해도 또또는 새장에 넣으면 잠을 안 자고 밤을 새웠어요. 정말 고집쟁이 아가였죠. 그래서 고민하던 중 우연히 어린이용 텐트를 발견하고 샀어요. 이 텐트는 앞도 뚫리고 위도 뚫려서 또또가 나왔다 들어갔다 하기 편해요. 텐트는 또또에게 절대로 없으면 안 될 정도로 중요한 아지트에요. 텐트 안에 또또가 좋아하는 담요와 쿠션을 넣어줘서 졸리면 스스로 들어가서 잠을 자요. 할머니 집에도 이 텐트를 똑같은 걸 사다 놨어요. 가끔 할머니 집에 가서 잘 때 필요하니까요. 졸릴 때 스스로 들어가는 걸 보고 할머니도 또또를 무척 기특하게 생각하세요.

또또 새장

  이 새장은 올해 여행을 가면서 새롭게 사준 또또의 새장이에요. 투투와 코코는 원래 자신들의 새장을 무척 사랑하고 새장 안에서의 생활에 만족하는데, 또또는 새장에 들어가는 걸 싫어하고 밖에서 생활하니 여행 갈 때 걱정이 많이 돼요. 또또가 일주일 동안 새장에 갇혀서 혼자 지낼 것을 생각하니 너무 마음이 아팠어요. 그래서 가능한 커다란 새장을 새로 사서 또또가 좋아하는 것들로 꾸며줬어요. 그래서 일주일 동안 잘 지낼 수 있었던 것 같아요. 물론 버드파파 사장님이 특별히 신경 써주신 덕분이기도 하고요.

새장의 위치

좋지 않아요 X

불 옆(예: 난로 옆, 전자레인지 옆 등)
어떤 사람이 불 옆에 새장을 둘까 싶지만…, 세상은 넓으니까요.

인적이 드물고 어두운 곳
앵무새들은 MBTI로 표현하자면 대부분 E 성향이 있어요.
그만큼 외로운 것을 싫어하니 사람들이 많은 거실 같은 곳이 좋아요.

사람 음식이 많은 곳
앵무새가 마음대로 사람의 약이나 간식 같은 걸 먹으면 안 되겠죠?
그러니 앵무새가 먹을 게 있지 않은 방, 아니면 앞서 말했듯이 거실이 가장 적합해요.

앵집사의 꿀팁

음식이 많은 것보다 더 중요한 것!
식물이 많아서는 절대로 안 됩니다~
앵집사분들은 이미 아시겠지만,
에너지 넘치는 앵무새 앞에는 식물을 두면 식물은 죽기 쉬워요.
그리고 식물이 앵무새에게 독성을 줄 수도 있기 때문에 식물은
앵무새 앞에서 유의해야 해요.

❝ 경험담 ❞

새를 기르기 전에 엄마는 화분 키우는 것을 좋아했어요. 또또를 키우기 시작하고 얼마 안 됐을 때 우리가 모르는 사이에 또또가 화분의 잎을 다 뜯어서 버려서 더 이상 키울 수가 없어서 버리려고 화분을 현관에 내놓았어요. 근데 엄마는 며칠 동안 현관에 화분을 두었는데 더 잘 자란 거 있죠. 시들었던 잎사귀도 파릇해지고 화분이 조금씩 살아나는 것 같았어요.
아무튼, 우리 또또처럼 날아다니는 새를 키우시는 경우, 식물은 포기하셔야 될 거예요.
그리고 혹시 꽃다발이나 꽃바구니같이 선물을 줄 일이 생겨 어쩔 수 없이 하룻밤 정도 가지고 있어야 한다면 베란다나 중문 밖 현관에 놓으세요!

기본적인 음식과 식사법

소형 앵무

대형 앵무가 많이 먹고 소형 앵무가 덜 먹을 거라고 생각하실 것 같은데요.

사실 대형과 소형이 먹는 양은 비슷해요. 소형 앵무는 작은 몸집 덕분에 소화하는 시간이 덜 걸려서 먹고 나서 10분 정도 만에 소화가 끝나서 변을 봐요. 즉, 소형 앵무가 신진대사가 빨라요. 변을 보고 나서 즉시 또 밥을 먹진 않지만 그만큼 빨리 밥을 다시 먹어요. 그래서 밥을 잘 갈아주는 게 중요해요.

소형 앵무는 조그만 좁쌀을 추천하고 당분은 최소의 양으로 간식으로 가끔씩 주는 게 좋아요.

메밀도 주식으로 적절하답니다.

66 경험담 1 99

투투와 코코는 해바라기 씨와 혼합 곡식, 에그푸드(주 2~3회)를 먹어요. 투투는 특히 해바라기 씨를 좋아해요. 앵무새용 모이는 껍질 붙은 것을 먹어요. 투투와 코코가 해바라기 씨 껍데기를 벗기는 것을 보면 신기할 정도로 정확하게 빠르게 잘 벗겨요. 그리고 껍질이 붙은 해바라기 씨가 영양가가 더 높아서 좋대요! 다만, 해바라기 씨는 비만의 원인이 되므로 적당히 먹이는 것이 중요해요~!

66 경험담 2 99

투투와 코코 건강검진을 갈 때 도시락을 싸 가서 의사 선생님께 보여드렸어요. 도시락은 평상시 먹는 모이를 그대로 싸 갔어요. 의사 선생님께서 투투, 코코의 도시락을 보시고 아주 영양가가 균형적으로 잡힌 식단이라며 칭찬해 주셨어요.

껍질 안 벗긴 해바라기 씨 먹는 투투

중대형 앵무

  중대형 앵무는 소형 앵무보다 크기가 큰 탓에 소화하는 데 20분 정도 걸려요.

  씨앗은 앵무새의 가장 일반적인 주식이고, 펠렛도 추천해요. 그리고 채소로 부족한 영양소를 보충해 주어야 해요.

  새들이 좋아하는 채소는 '당근, 오이, 파프리카, 단호박'이 있고, 토끼풀이나 냉이, 청경채 등도 좋아해요. 주의해야 할 점은 농약은 정말 깨끗하게 씻어야 하고, 수분이 많은 상추, 양배추나 시금치는 설사를 일으킬 수 있으니 주의해야 해요. 아보카도는 절대! 안 돼요.

  영양 과다가 되지 않도록 주의! 특히 지방을 과다 섭취하지 않게 주의해 주세요.

  특히 펠렛 사료가 더 적절한 종도 있으니 사료 구입처의 설명을 자세히 읽어봐야 해요.

  저희 또또는 간식 먹는 것을 너무 좋아해서 살쪘어요… ㅋㅋㅋ

❝ 경험담 ❞

또또는 버드파파에서 추천받은 'Exotic light mix' 같은 혼합곡식을 주는 것도 좋아해요. 여기에는 알곡, 곡물, 과일, 채소, 견과류, 미네랄 등이 골고루 들어 있어요. 또또가 먹었던 이유식도 그렇고 이것도 그렇고, 새들의 모이는 벨기에에서 만든 게 많아요. 이 나라는 초콜릿만 잘 만드는 줄 알았는데, 새를 사랑하는 나라인가 봐요~ 벨기에에 가서 직접 새 모이 쇼핑하고 싶어요!!

모이를 정리해 볼게요

주식

① 씨앗_ 해바라기 씨, 귀리, 조, 기장, 메밀 등

→ 씨앗은 밀폐 용기에 담아서 어둡고 서늘한 곳에 보관해요.

아이스크림 가게에서 주는 스푼을 밀폐 용기 안에 넣어두고 쓰면 편해요.

② 펠렛_ 펠렛은 영양소가 고르게 함유되어 있는

종합 영양식이에요. 또또는 아기 때 이유식과 함께 펠렛을 먹었어요.

부식
채소와 칼슘 사료, 에그푸드

간식

말린 과일 | 드롭스 | 밀렛(조 이삭) | 영양바(뭉친 씨앗)

앵이들을 기쁘게 해줄 수 있는 간식은 잘 활용하면 정말 좋아요. 투투와 코코는 밀렛을 정말 좋아하고 또또는 드롭스와 말린 과일, 영양바를 진짜 좋아해요. 앵이들을 키우다 보면 괜히 미안하고 불쌍해 보이는 날도 있어요. 그럴 때 간식을 주면서 쓰다듬어 주면 마음이 통해요. 맛있게 먹는 모습을 보면 진짜 사랑스러워요. 그리고 한 가지 팁! 밀렛은 포도 알맹이 따는 것처럼 떼어서 조금씩 소분해 두면 간식으로 주기 편해요. 그러지 않으면 새장이 진짜 지저분하게 변하거든요.

66 경험담 99

또또는 태어난 지 한 달 반 정도 되었을 때 저희 집에 왔어요. 그래서 저희 집에서 이유식을 1주일 정도 했어요. 또또의 이유식을 만들었을 때, 저는 눈물이 갑자기 많이 났어요. 그 이유식의 냄새를 다시 맡게 될 줄 몰랐거든요. 이유식만 먹다가 갑자기 별이 된 키키가 생각나서 눈물이 났어요. 이유식의 냄새가 반가우면서 너무 슬펐어요.

우리 또또는 이유식도 정말 잘 먹었어요. 이유식 먹는 모습은 너무 귀엽고, 지금도 부리에 손을 가져가면 이유식 먹을 때 하던 아기 행동을 해요. 전문점에서 이유식을 먹일 때 튜브를 사용하지만 저에게는 그게 너무 어려워 보여서 앵무새용 이유식용 숟가락으로 이유식을 먹였어요. 튜브로 이유식을 먹이면 사레에 들릴 수 있는데, 사레에 들리면 1분 안에 죽어요. 아무튼, 또또가 씨앗을 주식으로 적응하기 전에는 이유식이랑 과일 펠렛, 에그푸드를 먼저 적응해서 먹었어요.

잘못된 상식

아가 새의 모이주머니(소낭)가 완전히 줄어든 후 먹이를 준다는 것은
아주 위험하고 잘못된 거예요. 모이주머니가 비워지기 전에 먹이를 주어야 해요.
이소가 가까워진 새는 이유식을 주는 시간 간격을 길게 하고,
아기 새가 먹을 수 있는 펠렛을 준비해서 혼자서 먹을 수 있도록 준비해요.

쉬어가는 페이지

창세기 8장 7절~12절

7 그가 까마귀를 내보내니 그 까마귀는 물이 땅에서 마를 때까지 날아다녔습니다.

8 노아가 이번에는 물이 땅에서 줄어들었는지 알아보기 위해 비둘기를 내보냈습니다.

9 그러나 물이 아직 온 땅 위에 있었기 때문에 비둘기가 앉을 곳을 찾지 못해 방주에 있는 노아에게로 돌아왔습니다. 노아는 손을 내밀어 비둘기를 받아 방주 안으로 들였습니다.

10 노아가 7일을 더 기다려 비둘기를 방주에서 다시 내보냈습니다.

11 그 비둘기가 밤이 되자 그에게 돌아왔는데 그 부리에 새로 딴 올리브 나무 잎을 물고 있었습니다. 그래서 노아는 물이 땅에서 빠진 것을 알게 됐습니다.

12 그가 다시 7일을 기다렸다가 비둘기를 내보냈는데 비둘기는 다시 돌아오지 않았습니다.

노아의 방주 이야기는 모두 알고 계실 것 같아요.

하나님이 악한 백성들 때문에 홍수를 일으키셔서 다 없애버리려고 하셨어요.

하지만 노아는 하나님의 말씀대로 살아가는 착한 사람이라서 하나님이 방주를 만들게 하셔서 노아와 노아의 가족들은 살려주셨어요. 그때 새들도 종류대로 암수 한 쌍씩 들어갔어요.

그리고 홍수가 거의 끝나 보일 때쯤 노아가 창문을 열어 까마귀를 내보냈어요.

까마귀는 땅의 물이 마를 때까지 하늘을 날아다녔어요.

노아가 이번에는 비둘기를 내보냈어요.

그리고 비둘기가 올리브나무 잎사귀를 물고 왔어요.

노아는 올리브나무 잎사귀를 보고 물이 어느 정도 말랐는지 알 수 있었어요.

그리고 또, 비둘기를 한 번 더 내보냈어요. 비둘기는 땅이 말라 살 곳을 찾았는지 돌아오지 않았어요. 노아는 그때야 땅이 다 말랐다는 걸 알고 방주에서 나왔어요.

홍수 이후 노아는 350년을 더 살았어요.

노아는 모두 950년을 살았어요.

쉬어가는 페이지

CHAPTER 3.

앵무새의 마음

(투투의 마음, 코코의 마음, 또또의 마음, 앵집사의 마음)

앵집사가 되면 앵무새의 마음이 정말 잘 알고 싶어요.
사람들도 친구 사이에 서로의 마음을 오해할 때가 있잖아요.
그러니 말하지 않는 앵무새의 마음을 알기란 어려울 것 같죠?
근데, 의외로 앵무새의 마음은 조금만 신경 쓰면 쉽게 알 수 있어요.
앵무새를 키우면서 제가 알게 된 앵무새의 속마음,
앵무새가 보내는 신호를 알려줄게요.

투투의 마음

나는 코코가 엄청 좋아요. 처음 본 코코의 모습은 너무 예뻤어요.
코코가 내 털을 긁어줄 때는 기분이 정말 좋아요.
해바라기 씨를 먹을 때는 코코랑 나눠 먹는데, 산딸기 먹을 때는 혼자 다 먹고 싶어요.

지금은 1초도 없으면 못 사는 단짝 커플이 됐어요.
코코는 나한테 양보해 줘요.
새장의 구석 자리(일명 벽 자리)도 양보해 주고 가끔 산딸기도 양보해 줘요.
그래서 나는 코코가 정말 좋아요.

그리고 우리 언니는 코코보다 더 나랑 오래 살았어요. 우리의 밥을 주고 우리를 귀여워해 줘요. 하지만 너무 들이대고 귀여워하면 귀찮고 깨물고 싶을 때가 있어요.
그리고 어떨 때는 언니가 밥을 줄 때 밥그릇을 빼앗아 가는 줄 알고 화낼 때도 있어요.
그리고 마지막으로 우리 집 코뉴어 또또는 우리 집(새장)에 찾아와서 놀자고 졸라요. 그럴 때마다 나는 귀찮지만 놀아줘요.

투투의 뇌

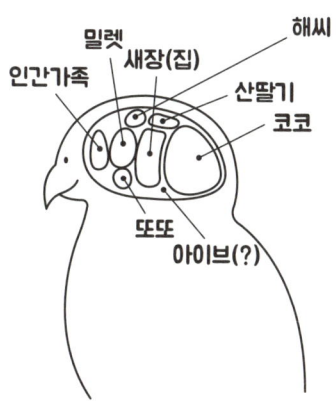

- 인간가족
- 밀렛
- 새장(집)
- 해씨
- 산딸기
- 코코
- 또또
- 아이브(?)

투투의 유튜브 알고리즘 ▶

 모닥불 ASMR
조회수 100회

 암컷 앵무새가 좋아하는
수컷 행동 TOP7
조회수 1000회

 8시 저녁 뉴스
조회수 10회

 힐링 재즈 모음
조회수 3000회

코코의 마음

나는 항상 투투랑 매일 있는 게 아주 행복해요.

자주 서로의 털을 긁어줘요. 그럴 때마다 시원하고 정말 좋아요.

나는 투투한테 양보를 잘해요. 근데 오직 투투에게 만이에요.

사실 나는 태어날 때부터 날개뼈에 균형이 맞지 않아 날지 못해요.

또또를 보면 나도 조금은 날고 싶은 마음이 들지만 나는 점프를 잘해요.

나는 처음에는 날지 못하는 것을 알고 속상했지만 이제는 적응했어요.

그리고 나는 산딸기를 좋아해요.

투투에게 양보를 잘해도 산딸기만큼은 내가 다 먹고 싶어요.

코코의 뇌

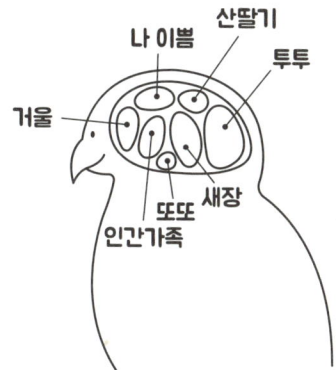

코코의 유튜브 알고리즘 ▶

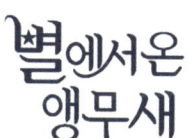

 계란후라이 만들기
조회수 100회

 DRAMA 별에서 온 앵무새
7~13회 정주행
조회수 7000회

 뷰티 브이로그
조회수 10000000회

 이 달의 책 추천
조회수 5000회

또또의 마음

나는 이 집의 막내예요. 노는 것을 제일 좋아하고 간식을 많이 먹어서 비만이 됐어요.
사람들이 먹는 음식도 좋아해서, 가족들이 밥 먹고 있을 때 사람 음식을 먹으려고 하다가 종종 혼나기도 해요.
그리고 나는 새장을 아주 싫어해요. 그래서 엄마가 어린이용 텐트를 사줘서 담요나 쿠션으로 채워주니 너무 좋았어요.
지금은 새로운 아주 넓은 새장이 있어서 더 좋아요.
나는 사람이 너무 좋아서 사람이 오랫동안 없으면 가끔 삐질 때가 있어요.
그리고 물건을 떨어뜨려서 깨버리거나 사고 칠 때가 많은데 그때마다 엄마는 나를 혼내지 않고 나를 먼저 걱정해 줘서 엄마랑 언니가 너무 좋아요.
우리 집에 오지 않았더라면 내 인생은 너무 불행했을지도 몰라요!

또또의 뇌

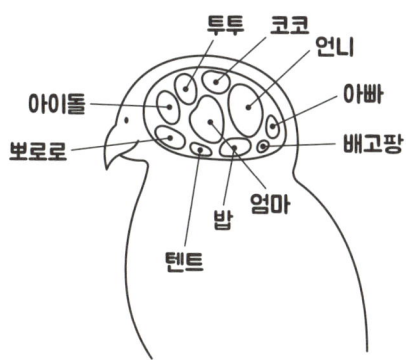

또또의 유튜브 알고리즘

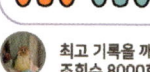 최고 기록을 깨 보겠습니다
조회수 8000회

 아이엠 직캠
조회수 900000회

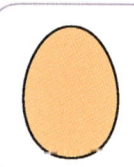

 온천에 계란을 삶아보겠습니다
조회수 200회

 떡뽀끼 먹방
조회수 350000회

앵집사의 마음

앵무새는 2021년 1월부터 키웠어요.
제 인생에서 가장 중요한 순간이 시작되었죠. 전 설명할 수 없을 만큼 앵무새가 좋아요.

SNS를 보거나, 유튜브를 볼 때 추천 영상으로는 거의 다 앵무새 관련된 것만 나올 만큼 전… 앵무새 중독자예요. 언제는 인스타를 봤는데 키우던 앵무새가 별이 되었다는 게시물을 보고 제 앵무새 죽은 것 같이 슬퍼서 한참 울다가 지쳐 잔 기억이 있어요. (앵집사들 마음은 다 똑같앵…)

그리고 앵무새를 키우다 보면 엄마가 그냥 엄마니까 하는 줄만 알았던 사랑한다는 말이 '아, 엄마는 상상을 초월하고도 남을 만큼 나를 사랑해 주시는구나.' 하고 알게 돼요. 반려동물인 앵무새를 내 목숨만큼 아끼고 사랑하게 되거든요.

아이 럽유 투코또

쉬어가는 페이지

앵무새를 완전 인간 바라기, 사회성 만렙 ENFP로 키우고 싶다면 이유식이 1주일 정도 남은 코뉴어나 퀘이커, 카이큐, 오색앵무 추천!

사람, 그중에서도 주인을 잘 따르는 코뉴어는 정말 생명력(A.K.A 건강)이 너무 좋아요. 특히 초보 집사님들은 실수로 앵이들에게 스트레스를 줄 수 있지만 코뉴어는 정말 Level 1이라고 할 수 있을 만큼 스트레스도 안 받고 키우기 쉬워요.

퀘이커와 카이큐는 사람도 잘 따르고 재주도 많은 똘똘한 친구들이에요. 코뉴어처럼 건강하고 초보 집사님들에게 앵무새의 성격에 대해 좋은 인식을 심어주는 친구들이에요. (근데 가격이 좀 높아요)

오색앵무는 색도 정말 예쁘고 활동적인 재미있는 친구들이에요. 야생에서는 꿀과 과일을 주시으로 하는 습성이 있기 때문에 변이 묽고 살이 찔 수 있어요. ㅋㅋ

앵무새가
보내는 신호
이해하기

① 고개를 갸우뚱거린다

무언가가 이해되지 않을 때 하는
행동이에요.
여러 각도에서 보려고 하는 거예요.

② 하품하듯이 부리를
크게 벌렸다 닫기를 반복한다

소낭 정리 중이에요.
이건 사람이 밥을 먹고 나서
트림을 하는 것과 같은 거예요.

③ 깃털을 정리한다

편안하다는 증거예요
(다듬다가 털을 세우기도 해요).

④ 부리를 달그락거린다

졸릴 때 보이는 행동이에요
(편하다는 뜻).

⑤ 쭉~ 기지개를 켠다

쉬다가 무언가를 하려고
할 때 하는 행동이에요.
놀고 싶은 것일 수도 있으니
놀아줘야 해요.

⑥ 토하면서 머리를 흔든다

토하기는 구애 행동이에요.
하지만 토하는 상대가 없거나
머리를 좌우로 흔들면
아픈 것이니 빨리 병원에 가야 해요.

⑦ 날개를 흔든다

실내 온도가 높아서 더워서
헥헥대는 거예요.
간식이나 놀아달라고
응석 부리는 것일 수도 있고
발정기일 수도 있어요.

⑧ 횃대 위에서 안절부절못한다

새장이 답답해서
꺼내달라는 것이에요.

앵무새의 마음

⑨ 등에 얼굴을 파묻는다
★★★★★

경험담

우리 집에서 떠난 아이들은 공통점이 있는데요.
모두 이 자세를 낮에 했다는 거예요. ㅠㅠ

추울 때 보이는 행동인데 아파서
그럴 확률이 높아요.
밤에는 잘 때 그 자세가 편해서
그럴 수도 있어요.

⑩ 우관을 세운다

무언가를 의식해서 놀란 거예요.

⑪ 꽁지깃을 펼친다/깃털을 부풀리거나 세운다

우리 코코가 자주 하는 자세예요. 화가 난 거예요. 이때는 건들지 말고 내버려 두세요.
약간의 허세랄까요~ 자기 몸을 크게 보이려는 행동이에요.
그렇다고 화를 달래기 위해 간식이나 보상을 주면 절대 안 돼요!

앵무새가 보내는 신호 이해하기

금쪽같은
앵무새

1.

앵무새가 자꾸 사람이 먹는 음식을 먹으려고 해요.
특히, 계란프라이, 사과, 소고기, 우유를 좋아하고,
심지어 엄마 커피까지 먹고 싶어 해요.
우리 앵무새는 왜 이러는 거죠?

그곳에 놓은 엄마 잘못~ 우리 금쪽이는 잘못한 게 없어요~!

앵무새에게 사람이 먹는 음식은 NO!

앵무새가 귀여워서 사람들은 앵무새가 좋아하는 음식을 조금씩 주고 맛있게 먹는 모습을 보고 싶어 할 때도 있어요. 우리 엄마도 가끔 빵을 조금씩 떼어 주기도 하거든요. 하지만, 절대 네버! 안 됩니다.

앵무새가 한번 사람 음식을 먹어보면 또 먹고 싶어 해요. 기대감이 생기는 거죠. 그런데 안 주면 어떨까요? 새는 엄청 스트레스를 받아요. 그런 새들은 깃털을 뽑는 행동을 자주 한다고 해요. 너무 불쌍하죠~ 어차피 사람 음식은 새에게 이롭지 않으니 차라리 처음부터 그 맛을 모르는 게 좋아요. 절대 주지 마세요. 특히, 밥, 빵, 초콜릿, 아보카도, 시금치, 파, 양파는 새에게 절대 먹여서는 안 돼요.

저는 식탁 위에 포장을 뜯지도 않은 초콜릿을 둔 적이 있는데, 밖에 나갔다 오니 또또가 그걸 다 뜯어서 먹은 적이 있어요. 초콜릿은 새에게 안 좋다는 걸 알고 있었기에 엄청 놀라고 무서웠어요. 괜찮기는 했지만, 그래도 안심하면 안 돼요. 새는 아가들이랑 똑같아요. 절대 아무거나 새 근처에 두면 안 돼요. 호기심 많은 앵이들은 이렇게 일단 먹어보기도 하니까요!

2.

앵무새가 식탁 위, 탁자 위에 있는 컵이나 접시를 떨어뜨려서 깨뜨려요. 치우는 것도 일이고 아끼던 컵을 깨서 너무 속상해요. 한번은 앵무새 모이를 갈아주려고 꺼내놨는데, 껍질이 가득한 모이 그릇을 식탁에서 밀어서 엎어버렸을 때, 진짜 화가 나더군요. 우리 앵무새 왜 이러는 거죠? 일부러 저러는 것 같은데 무슨 문제가 있는 걸까요?

앵무새가 위험한 물건을 깨뜨렸다면 아까워하지 말고 물건은 새로 사세요^^
세상에 단 하나뿐인 우리 앵이는 금쪽보다 소중한 아이니까 앵무새가 다쳤는지 먼저 확인해요. 접시가 아무리 비싸더라도 앵무새를 위해 그 정도는 사용할 수 있죠????^^

앵무새에게 물건 떨어뜨리기는 놀이에요.

물건을 떨어뜨리면 앵집사가 주워주거나 반응을 하잖아요.

앵무새는 물건을 떨어뜨리면 앵집사가 주워주고, 또 떨어뜨리고 또 주워주고~

이 놀이를 하고 있는 거예요.

깨뜨리고 싶지 않다면 앵무새가 밀 수 있는 정도의 무게를 가진 유리컵이나 접시를 식탁 위에 올려놓지 마세요.

3.

벽에 붙어 있는 식탁 의자 아래에서 혼자 놀아요. 화난 표정인 것 같고 나오라고 해도 안 나와요. 싱크대 옆 서랍이 조금이라도 열려 있으면 들어가서 놀아요. 가끔, 앵무새가 안 보여서 어디갔지? 하고 한참 찾다가 보면 그 안쪽에 들어가 있고 나오라고 하면 손을 물어요.
우리 앵무새 왜 이러는 거죠? 무슨 문제가 있는 걸까요?

앵무새는 보금자리 장소로 박스나 서랍 등을 좋아해요. 그리고 앵무새도 사람처럼 혼자만의 사적인 공간이 필요해요. 그럴 때는 위험한 상황이 아니라면 혼자 있게 놔두세요. 시간이 지나면 다시 놀아달라고 와요.

상담자 혼자만의 시간… 메모…

4.

벽지, 액자 모서리를 물어뜯어요.
우리 앵무새 왜 이러는 거죠? 무슨 문제가 있는 걸까요?

반려동물 키우는데 멀쩡한 벽지를 원하신다면 그건 욕심이에요. 그냥 최대한 뜯지 못하게 주의시키는 것이 최선입니다. 앵집사님께서 멀쩡한 가죽가방을 원한다면 최대한 앵무새 시야에서 안 보이게 해야 해요. 가죽가방을 앵무새 눈에 들어오게 한 엄마 잘못입니다.

5.

갑자기 새장 안에 얌전히 있던 앵이들이 파닥거리며 놀라서 당황해요. 왜 이런 걸까요? 그리고 새장 밖에 있던 새가 갑자기 온 집안을 야단법석을 치며 날아다녀요. 우리 앵무새 왜 이러는 거죠? 무슨 문제가 있는 걸까요?

왕관앵무 패닉 현상이라는 것인데요, 앵무새의 6번째 감으로 싸한 기분이 들거나 주변에 갑작스러운 큰 소리에 놀라서 그럴 수 있어요. 앵무새는 사람들보다 예민하기 때문에 지진과 같은 진동도 빨리 알아채요.

앵집사의 태도가 중요해요. 같이 놀라서 소리치면 안 되고 새장에 갑자기 다가가지 마세요.

이럴 땐 조심스럽게 다가가서 차분하면서 온화한 표정으로 말을 걸어주세요.

앵무새가 다시 얌전해진 뒤에 앵무새가 다치지 않았는지 확인해 주세요.

6.

예쁘고 얌전하던 새가 갑자기 돌변해서 화를 내고 물어요.
짜증이 엄청나게 늘었어요. 나를 사랑하던 앵이가
갑자기 변해서 너무 슬프고 당황스러워요.
우리 앵무새 왜 이러는 거죠? 무슨 문제가 있는 걸까요?

가정 교육이… 크흠.

발정기나 반항기, 흔히 전문용어로 앵춘기라고 합니다. 이 시기를 잘 보내야 하는데, 이렇게 성격이 180도 변하는 앵이들이 있어서 상처 받으시는 집사님들이 흔해요. 하지만 친구들 사이에도 사이가 좋았다가 멀어지는 경우가 있는 것처럼 앵무새의 마음도 변할 수 있어요. 이럴 때는 앵무새를 다시 변화시킬 순 없고 앵집사가 앵무새를 끊임없이 사랑해 주는 것이 가장 좋은 해결방법이에요. 발정기나 사춘기가 지나면 다시 온순해져요.

7.

새장을 싫어해요. 새장에 넣어주면 꺼내달라고 난리예요. 우리 앵무새 왜 이러는 거죠? 무슨 문제가 있는 걸까요?

또또: 꺼내주세요!

사람에 대한 애착이 너무 심해서 그래요. 처음에는 새장과 친해지도록 노력해야 하지만 정말 끈질긴 앵이리면 또노처럼 밖에서 지내도록 놔두세요. 엄마가 신경 좀 써주고 집에서 새장 말고 다른 잠자리를 만들어 주세요.

억지로 붙잡아 새장에 넣으면 엄청난 역효과가 나고 사람 손을 무서워할 수 있어요. 요즘 강아지나 고양이 훈련과 관련된 텔레비전 프로그램이 많아서 많이 들어보셨을 텐데요. 반려동물을 훈련할 때 가장 좋은 방법이 '보상'이에요.

새장에서 새를 키우고 싶다면 앵무새에게 새장이 좋은 곳이라는 인식을 심어주셔야 해요. 예를 들면 새장에 들어가면 칭찬하며 간식이나 장난감으로 보상을 주는 거예요.

8.

자꾸 금속 재질의 액세서리를 물어뜯어요.
저번에는 그래서 목걸이가 끊어졌어요.
우리 앵무새 왜 이러는 거죠? 무슨 문제가 있는 걸까요?

장난감이라고 생각해서 그래요. 앵무새는 반짝반짝거리는 물건에 호기심이 대단해요! 목걸이 살 돈으로 우리는 앵집사니까 목걸이 대신 앵이 장난감을 사줍시다^^

쉬어가는 페이지

위 사진은 하와이 코나 월마트에서 찍은 거예요.

반려동물 코너에 앵무새 용품이 정말 많은 거예요!! 우리나라에서는 앵무새 용품이 반려동물 코너에 있는 게 기적 같은 일인데, 이곳에는 앵무새 용품이 정말 많이 있었어요. 여기서 산 앵무새 그네는 지금까지 또또가 잘 쓰고 있고요.

우리나라에서도 앵무새가 더 많이 사랑받고 인기 많은 반려동물이 되면 좋겠어요.

쉬어가는 페이지

집에 날아다니는 앵무새가 있으면 크리스마스트리는 포기해야 돼요. 새가 날아다니다가 찔릴 수도 있으니까요. 하지만 이렇게 앵무새와 함께 크리스마스 분위기를 낼 수 있어요. 너무 귀여운 우리 코코~

CHAPTER 4.

앵무새의 건강

앵집사가 되면 앵무새의 건강에 신경이 많이 쓰여요.
밤에 잠을 못 자면서 걱정을 한 적도 있어요.
하지만 앵무새는 스스로 회복 능력이 탁월해서 기특하게 잘 회복해요.
너무 고맙죠.
앵무새가 더욱 건강하게 지낼 수 있도록
잘 보살펴 주는 방법을 설명해 줄게요.

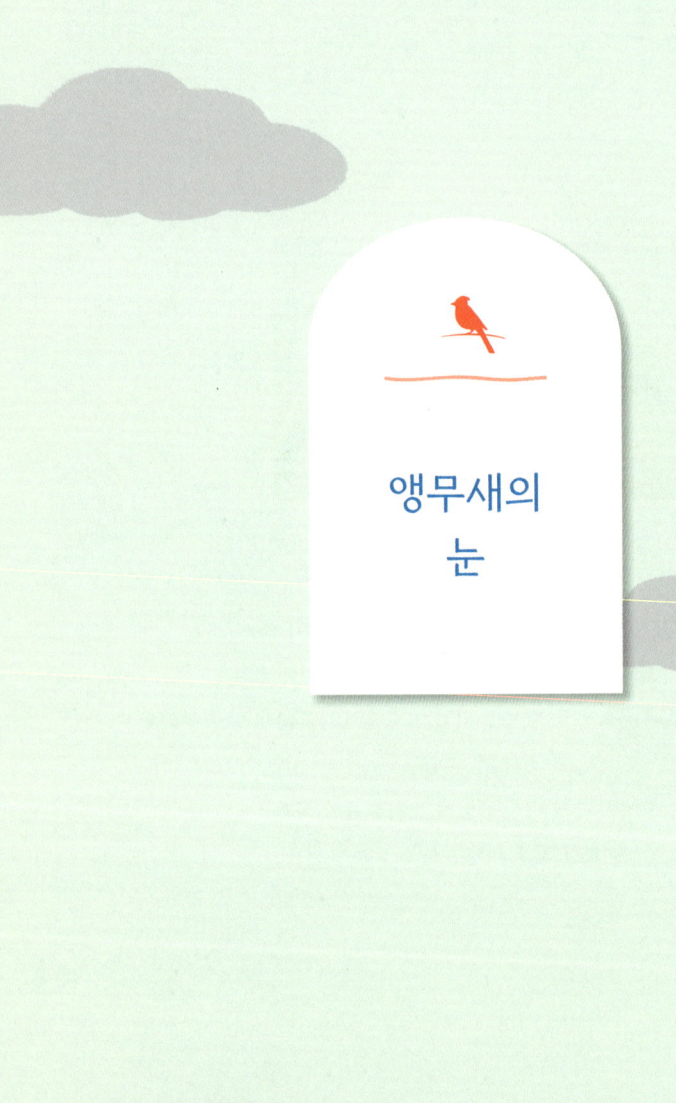

눈을 동그랗게 힘 있게 뜨고 눈물이나 눈곱이 없어야 건강한 새예요.

비눈테와 눈테 앵무새의 차이를 알아봐요.

흰 아이라인이 너무 예쁜 모란앵무!
눈 주변에 살이 많이 보이면 눈테 앵이에요.

눈동자가 동그래서 정말 착해 보이는 모란앵무 비눈테 모란!

66 체험담 하나 99

어느 날 코코가 한쪽 눈을 잘 못 뜨고 눈테가 빨간 것 같았어요. 바로 병원에 데려갔더니 의사 선생님께서 안약을 처방해 주셨고 안약을 바르니 하루 만에 금방 나았어요. 아주 작은 변화도 민감하게 관찰하는 게 앵집사의 임무예요.

66 체험담 둘 99

최근 일이에요. 두 달 전쯤 투투가 한쪽 눈이 많이 붓고 눈을 잘 뜨지 못했어요. 얼마나 부었는지 머리에 혹이 난 것 같았어요. 오전에 학교 가기 전까지도 멀쩡했는데 학교에 다녀와서 보니 그렇게 되어 있었어요. 저는 학원도 결석하고 바로 엄마와 병원에 갔어요. 투투는 그날 세상에 태어나서 처음으로 주사도 맞고 안약도 넣었어요. 그리고 집에 와서 일찍 잤어요. 너무 기운 없어 보여서 걱정을 많이 했는데, 진짜 이틀 만에 기적처럼 깨끗하게 나았어요.
근데 여기서 실수!!
의사 선생님께서 처방해 주신 안약과 안연고를 끝까지 다 넣어주지 않아서 3주 뒤에 같은 증상이 나타났어요. 다시 병원에 데려가니 의사 선생님께서 다 나았다고 할 때까지 처방받은 약은 끝까지 꾸준히 넣어줘야 한다고 하셨어요. 투투한테 너무 미안했어요. 지금은 거의 다 나았는데, 진짜 건강의 소중함을 깨닫게 되었어요. 그리고 의사 선생님께서 조금이라도 새가 아픈 것 같으면 바로 병원으로 온 것은 아주 잘한 일이라고 말씀해 주셨어요.

앵무새의 눈에는 색소가 있는 새와 색소가 없는 새가 있어요. 먼저 색소가 없는 새의 종류에 대해 알아볼게요.

○ 루티노에 대해서

온몸이 노랗고 눈이 빨간색이면 루티노! 새뿐만 아니라 다른 동물에게도 다 포함되는 내용이에요. 눈이 빨간 이유는 눈에 색소가 없어서 눈의 피가 다 드러나 보이는 거예요.

○ 알비노에 대해서

온몸이 하얗고 눈이 빨간색이면 알비노!
루티노와 같이 모든 동물들도 알비노가 있어요. 눈이 빨간 이유는 루티노와 같아요.

색소가 있는 새의 눈은 갈색이거나 검은색이에요.

코코는 눈에 색소가 있어서·· 너무 예쁜 갈색♥

앵무새는 사람보다 더 많은 색을 구별할 수 있어요. 우리에게는 똑같은 색으로 보이지만 앵무새에게는 다른 색으로 보여요.

색만 구분을 잘할 뿐만 아니라 시력은 사람과 비교할 때 5배 이상 좋아요.

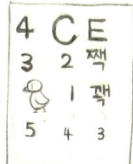 

앵무새의 눈

앵무새의
코

재채기나 콧물이 나오지 않고 콧구멍 주변이 깨끗해야 건강한 새예요.

코가 드러나 보이는 종도 있고 털로 덮여 있는 종도 있어요.
왕관앵무는 콧구멍이 잘 보여서 귀여워요.

털로 코가 덮여 있기로 대표적인 코카투 앵무!
그래서 조금 추운 곳에서도 지낼 수 있어요.

새들의 코를 모르는 사람들도 많은 것 같아요. 사실 새들의 후각은 꽤 뛰어난 편이에요. 야생에서는 어미 새가 냄새로 자신의 진짜 알을 구별하기도 해요.

앵무새의 코

새들은 귀가 없다고 생각하는 사람들도 많아요.

하지만 새들은 귀가 털로 덮여 있어 보이지 않는 거예요.

청력은 사람들과 비슷해요. 그리고 새들은 하늘을 날 때 공기 저항을 없애고 적의 행동을 파악하기 위해 주변의 소리를 하나도 놓치지 말아야 해요.

그렇기 때문에 사람들처럼 겉으로 드러나 보이는 귀가 아닌 눈 뒤쪽에 있는 구멍으로 소리를 들어요.

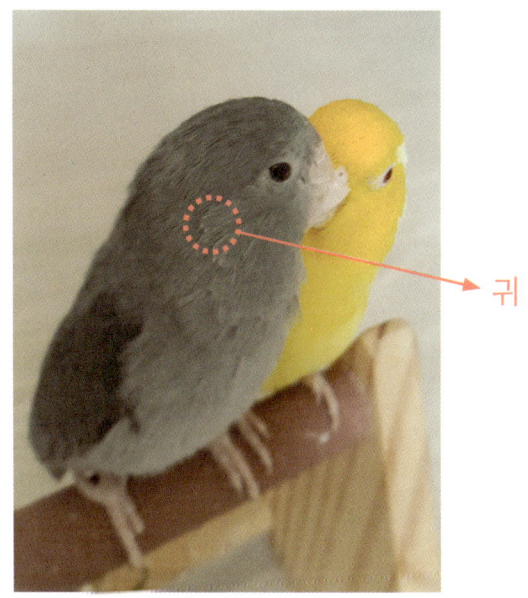

앵무새의 귀

앵무새의
깃털

앵무새는 색이 예쁘기로 유명해요.
그런 앵무새의 외관 색을 담당하는 깃털을 겉 깃털이라고 불러요.

그리고 대부분의 새들의 꽁지깃에는 기름샘이라는 곳이 있는데 그곳에서 기름을 뽑아다가 몸에 발라요. 그 기름을 몸에 바르면 깃에 윤기도 나고 무엇보다 몸에 방수 능력이 생겨요. (다만, 왕관앵무, 코카투 앵무, 회색앵무는 피우디로 깃을 성리해요)

앵무새의 깃털

앵무새가 귀엽게 깃털을 정리하는 모습이 보고 싶다면
→ 인스타 @3birdsjuha 와서 보기!!

> 66 체험담 99

가끔 앵무새들이 깃이 빠질 때가 있어요. 그럴 때 피가 난다고 해도 걱정할 필요 없어요. 좀만 있으면 피는 멈추고 아무 이상은 없어요. 아기 앵무새에게는 아직 빠지지 않아야 할 깃이 종종 빠지기도 해요. 걱정은 하지 않아도 돼요!

앵무새의 깃털

앵무새의
비듬 현상

앵무새 비듬 현상(파우더)은 깃털에서 생기는 거예요.

앵무새 목덜미 주변을 긁어주다 보면, 딱딱한 깃털 같은 게 나오는데 그때 이것을 손톱으로 살살 뭉개주면 하얀 가루가 나와요. 그러면서 딱딱한 가루가 없어지고 곧 부드러운 새 깃털이 돼요. 앵무새들은 사람의 도움 없이도 자기 혼자 파우더를 낼 수 있어요. 하지만 자신의 부리로 긁을 수 없는 것은 동료 앵무새가 긁어주면서 교감을 해요. 하지만 집에서는 파우더를 주인이 치워야 한다는 점을 잊지 마세요!

근데 만약 키우는 앵무새가 짝이 없어도 걱정하지 않아도 돼요. 왜냐하면 언젠가는 저절로 풀리기 때문이에요.

쉬어가는 페이지

싱가포르, 버드 파라다이스

Singapore, Bird Paradise

앵무새를 가까이에서 볼 수 있는 최고의 곳!

https://www.mandai.com

여기 가실 분들은 티켓을 홈페이지에서 구입하시면 돼요.

콧물,
재채기

앵무새는 가끔씩 콧물이 나오거나 재채기가 나올 때가 있어요(정말 귀여워요♥).

우리 또또는 발가락으로 한쪽 콧구멍을 막고 재채기를 하기도 해요.

하지만 너무 많이 재채기를 하거나 콧물이 나오면 그것도 문제예요.

비정상적인 경우 감기를 의심할 수 있으니 병원에 가거나 전문가의 도움을 받아야 해요.

그리고 가끔 재채기를 했는데 앵무새에게서 콧물이 튈 수 있어요. 진짜 귀엽지만 추워서 그런 걸 수도 있으니 살펴봐 주세요. 근데 아주 가끔 앵무새의 긴깅이 안 좋아지거나 코가 무언가에 찔리거나 장기에 이상이 있을 때 코피가 날 수도 있어요. 그때는 휴지로 지혈해 주고, 걱정되면 전문가에게 물어보세요.

콧물, 재채기

새들은 따로 대변, 소변 이렇게 나눠서 누지 않고 두 가지를 한꺼번에 봐요.

그래서 볼일을 봤을 때 소변처럼 묽다면 그건 설사인 거예요.

그리고 보통 앵무새들의 응가 색은 초록색 아니면 어두운 초록색이지만 빨간색이나 짙은 갈색이면 건강에 문제가 있을 수도 있어요. 단, 이유식을 먹는 아기 새는 예외예요.

그러나…
응가가 굳으면 갈색이 될 수도 있어요.
낮에 색이 진한 사료나 과일을 먹었다면 응가 색에 변화가 있을 수도 있어요.

66 경험담 99

투투랑 코코는 새장에서 많이 지내는데 응가를 아무 데나 하기도 하지만 유난히 응가가 많이 쌓여 있는 곳이 따로 있어요. 예를 들어, 자주 앉아 있는 밧줄 아래쪽에 응가를 자주 해요. 또또는 새장에서 많이 지내지 않아서 집 어디서든지 하는데 뒷걸음질하면서 힘주는 느낌으로 응가를 해요.

그리고 강아지나 고양이랑 비교했을 때 앵무새의 응가에서는 냄새가 거의 안 나요.

응가

- ▶ 동물병원에 고고
- ▶ 앵무새 분양한 곳에 따르릉 ☎
- ▶ 네이버 카페나 앵무새 전문 사이트에 질문 올리기
- ▶ 이 책 읽기

○ 동물병원에 갈 때

미리 전화해서 앵무새도 봐주는지 확인을 해야 해요. 앵무새는 진료해 주지 않는 병원이 많아요.

☎ **추천 병원**

서울 최영민동물의료센터 (0507-1312-9539)

서울 고려종합동물병원 (02-575-7999)

경기 청계종합동물병원 (031-424-7580)

집 주변 앵무새를 치료해 주는 병원이 없거나 병원 진료가 끝난 시간에 앵무새가 아프다면 앵무새를 분양한 곳에 전화나 문자를 해 보세요. 앵무새 전문점이라면 큰 도움이 돼요.

> 66 **경험담** 99

우리 코코가 저녁 9시쯤 책상에서 떨어지면서, 책꽂이에 2번이나 부딪혀서 다친 적이 있어요. 그때 코코의 발이 동그랗게 모였고, 눈은 잘 뜨지도 못했어요. 날개도 균형이 없어서 비틀거릴 지경이었어요. 큰 절망을 느낀 저는 눈물이 마구 쏟아지기 시작했어요.

이미 병원은 진료가 끝난 시간이어서 병원에 갈 수도 없었어요. 엄마는 재빨리 버드파파(앵무새를 분양받은 곳)에 전화해서 코코의 상태를 설명했어요. 늦은 시간이라서 너무 죄송했지만, 정말 도움이 절실했기 때문에 전화를 드렸어요.

사장님께서는 투투와 코코를 분리하고 코코가 있는 새장 안에 있는 장난감을 치우고 밧줄을 최대한 아래로 내리고 코코를 살펴보라고 말씀해 주셨어요. 그러면서, 새들이 기절을 할 때가 종종 있는데 괜찮을 거라며 위로해 주셨어요. 그러고 나서 1~2시간 후 코코는 밧줄에서 바른 자세로 앉을 수 있었고 며칠 후 회복했어요. 그때 전화로 진료를 해주셔서 얼마나 감사했는지 몰라요.

전문점에서 분양받은 게 아니라면 인터넷에 아픈 이유를 검색해 보거나 네이버 카페에 질문을 올리는 것도 방법이에요. 저는 병원에 갈 정도는 아닌 작은 걱정거리를 올려서 도움받은 경험이 있어요.

← 앵무새 맘카페

질문답변 >
아침부터 낮잠 자는 코뉴어

 투투맘 1

질문내용 : 오늘은 아침부터 피곤해 보여요.
자꾸 낮잠을 자네요.
밥은 잘 먹고 응가도 괜찮아요.
원래 아침엔 되게 활발한데, 왜 저럴까요 ㅠㅠ
종종 낮잠을 아침부터 자기도 하나요?
혹시 아픈거면 어쩌죠? ㅠㅠ
이렇게 기운 없을 때 뭘 먹이면 기운이 나기도 할까요?
일단 거실 온도는 25도인데 26도로 올려놓았어요.
자는거 깨우는 건 안 좋겠죠? ㅠㅠ

댓글 2 >

 #앵무새사랑 2
일찍 일어나거나 사람처럼 잠이 좀 모자르면 일어났어도 꾸벅거리더라구요 어느정도로 조는지를 모르니 이렇다 저렇다하기 조심스럽지만 저희 망고같은 경우는 아침에 일어나도 꾸벅거리다가 다시 잡니다.

← 앵무새 맘카페

질문답변 >
이유식 하다 눈에 들어갔어요

 투투맘 1

질문내용 : 오늘 입양했어요.
정말 캭~~~ 소리나게 예뻐요.
한 마리는 이유식 잘 먹고 소리도 내는데
다른 한 마리는 잘 안 먹고 도리도리 하다가
이유식이 눈에 들어갔어요
키친타올로 바로 닦아줬는데
괜찮겠죠?
입양 전엔 주사기로 먹여주셨는데
저는 기도로 들어갈까봐 숟가락으로 먹이거든요.
잘 먹이는 방법 있을까요?
두근두근 설레이면서 걱정도 되네요.

이유식 하신 분들 댓글 부탁드려요.

댓글 2 >

 #앵이럽 3
바로닦아주시면 괜찮아요! 저희애들도 다 묻히고 먹어서 ㅋㅋㅋ
웬만하면 숟가락이 가장 좋은거 같아요!

 #어쨀티비 2
한손으로 아가 얼굴을 조심히
잡아주시고 먹여주세요~
이유식 온도가 식어도 거부하니
온도 따뜻하게 중탕하면서 ~^^

 아플 땐 이렇게

근데, 도움을 받을 때도 있지만 질문에 답이 빠르게 달리지 않거나 아예 달리지 않을 때도 많아요. 다들 앵무새를 사랑하긴 하지만 전문가는 아니니까요. 그래도 같이 걱정해 주고 위로해 주는 것만으로도 큰 힘이 되기도 해요.

아니면, 기왕 이 책을 구입하셨으니까 이 책을 읽는 것도 도움이 될 거예요.

쉬어가는 페이지

초보 집사님들에게 어려운 친구들 정리!

- 3위 회색앵무_ 똑똑해서 말을 잘하지만 좀 예민해요.
- 2위 유리앵무_ 귀엽지만 예민하고 사람을 그다지 좋아하지 않아요.
- 1위 왕관앵무_ 예민하고 얌전하지만 겁이 많아요. 오죽 겁이 많으면 '왕관앵무 패닉 현상'이라는 말이 있겠어요.

CHAPTER 5.

앵집사의 쇼핑 리스트

반려동물을 키우면서 더욱 재밌는 점이 쇼핑이죠~
작은 새들의 물건은 너무 귀여워서, 제가 갖고 싶을 때도 있어요.
쇼핑이 취미이자 특기인 제가 미리 사본 경험을 통해서
정말 잘 산 것과 괜히 산 것을 구별해서 알려드릴게요.

이건 정말
잘 샀다

앵무새용 무염 국수

초보 집사님들이 앵이하고 친해질 때 강강추!

밀렛

밀렛은 중소형 앵이들이 좋아하는 최고의 간식이에요.

에그푸드

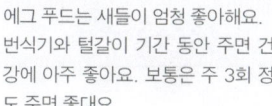

에그 푸드는 새들이 엄청 좋아해요. 번식기와 털갈이 기간 동안 주면 건강에 아주 좋아요. 보통은 주 3회 정도 주면 좋대요.

동결건조 산딸기

투투와 코코가 진짜 제일 좋아하는 간식이에요. 앵이들 기분 나쁠 때 주면 기분이 좋아지더라고요. 코코가 아플 때 기운이 없어서 다른 건 못 먹었는데 산딸기는 먹었어요. 호불호가 없는 간식이라 집에 처음 온 앵이들에게 주면 금방 친해질 수 있어요. 특히 산딸기를 먹으면 뼈가 튼튼해지는 장점도 있어요.

이건 정말 잘 샀다

 앵무새 횃대(밧줄)	횃대는 새장을 꾸밀 때 꼭 필요해요. 새들이 횃대를 나무줄기로 생각해요. 새들이 바닥에 앉아 있을 순 없으니까요. 횃대에서 잠을 자기도 하고 발톱을 갈기도 해요. 우리 투투는 횃대를 실밥을 빼서 부리를 닦아요. 너무 귀여워요.
 집 모양 앵무새 털 집	침대는 포근해서 보온 효과로 앵이들이 좋아해요. 우리 집에서는 투투와 또또가 유난히 좋아하고 코코는 밤에는 잘 들어가지 않지만 낮에 투투랑 놀 때 들어갔다 나왔다 해요.
 앵무새 장난감 공	우리 또또는 축구 왕이에요. 놀 때도 좋아하고, 잘 때도 공 갖고 놀다가 자요.
 체인등나무모빌	라탄 공은 앵이들이 진짜 좋아하고, 모빌은 진짜 잘 갖고 놀아요. 동네에 캣맘이 계신데 정말 천사예요. 모든 동물을 사랑하시거든요. 캣맘이 반려동물은 평생 아기라고 하셨는데, 정말 맞는 말인 것 같아요. 앵이들이 모빌을 좋아하는 것 보면 완전 아기예요.

 앵무새용 미니 밥그릇	투투가 제일 좋아해요. 여러 가지 종류의 모이 그릇을 달아주는 게 좋은 것 같아요.
 앵무새 거울	새장 안에 걸어줘요. 모빌처럼 움직이기도 하고 자기 얼굴 보며 놀아요. 혼자 키우는 경우, 꼭 달아주세요.
 앵무새 그물 사다리	잘 날지 못하는 우리 코코에게 정말 재미있는 공간이에요. 물론, 투투와 또또도 좋아해요. 사다리 타기를 좋아하는 앵이들에게 필수예요. 그물 사다리의 전체 사진은 스탠드를 보시면 좋아요.
 이동장(M size)	손으로 들고 다니는 게 편해요. 코뉴어 두 마리 정도 들어가는 크기예요.

미니 티테이블

새장을 어디에 둘지 고민인 초보 앵집사님들께 강추!
웬만한 소, 중형 앵무새 새장 하나 놓기 딱 좋아요.

부드러운 쿠션이나 담요

앞에 나온 어린이 텐트 안에 넣어주면 기대거나 올라가서 꿀잠을 잘 수 있어요.
싱가포르 유니버셜 스튜디오에 가서 산 쿠션이에요. 엄마는 저걸 어떻게 들고 가냐고 사지 말라고 했지만, 저는 제가 들고 간다고 걱정하지 말라고 당부하고 샀어요. 물론 우리 또또의 애착 쿠션입니다.

작가의 SNS!

인스타 @3birdsjuha 오시면 이 모든 물건들의 쓰임을 직접 볼 수 있어요.

팔로우와 ♥는 필수…

쉬어가는 페이지

주하네 새장 청소 방법&청소 도구

1. 새장에는 배변패드를 깔아요. (저는 강아지용을 써요)
2. 물티슈는 필수! (응가 닦는 용이니 저렴한 게 최고!)
3. 작은 비닐봉투에 남은 먹이를 버려요. (위생봉투 중에 소형)
4. 철자를 이용해서 굳은 응가를 닦아요.
   (엄마는 30cm 자를 사용해요)
   이건 집에 날아다니는 또또 같은 새가 있을 때 필요해요.

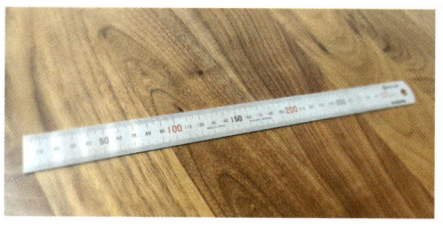

5. 소형 신공청소기는 꼭 필요해요.
   (엄마는 오비큠진공청소기를 이용해요)

이건 제 의견이에요. 다 좋은 것들이지만, 제가 개인적으로 필요 없거나 우리 앵이들이 안 좋아하는 것들이에요^^

1) 앵무새용 과자&젤리

우리 앵이들은 모두 젤리를 안 좋아해요.

2) 앵무새 둥지

둥지를 다 뜯어서 새장이 난리가 나요. 앵무새들은 좋아하는 것 같기도 한데, 새장 속 모이 그릇, 물그릇, 새장 주변에 지푸라기로 난리입니다. 엄마한테 혼나요.

3) 앵무새 미네랄 모래

호불호가 갈리는 영양제인 것 같아요.

우리 앵이들은 먹지 않더라고요.

그래도 필수 보충 영양소예요.

4) 앵무새용 무염국수

아까 '잘 샀다'에 있었는데 왜 또 여기 있냐고요?

어떤 것을 사느냐에 따라 달라지기 때문이에요.

저는 대형 앵무새용을 사서 부수기 힘든 너무 두껍고 단단한 무염국수가 왔던 적이 있어요. 소, 중형 앵무새를 키우신다면 얇고 잘 부서지는 무염국수를 사야 해요.

(깨알 꿀팁: 버드파파, 아가새 농장 무염국수가 얇고 양이 적당해요.)

이건 괜히 샀다

5) 앵무새 날개 하네스

어릴 때부터 적응시켜서 하면 좋은데 저희 앵이처럼 어릴 때 하네스 적응을 시켜놓지 않으면 사용하기가 어려워요.

6) 앵무새 배낭 이동장

유리앵무나 모란앵무처럼 작고 꼬리도 짧으면 잘 들어가 있을 수 있지만 코뉴어나 사랑앵무, 퀘이커 등 중형 앵무새, 꼬리가 긴 앵무새들은 벽에 꼬리가 눌리고 너무 좁아서 편하지 않을 수 있어요.

7) 아크릴 새장

우리 새들은 별로 안 좋아했어요.
그리고 구멍이 커서 막 나오기도 해요.
우리 코코는 새장에서 철창을 밟고 걸어 다니기 때문에 아크릴 새장은 어렵더라고요.

8) 위쪽이 둥근 구 모양의 새장

예쁘긴 하지만 둥근 새장은 실용적이지 않아서 새들에게 인기 없는 새장입니다.

○ 아크릴 새장 예시

"아크릴 새장은 사진을 찍을 때 예쁘게 나오긴 해요."

아마조나

가평에 있는 앵무새 브리딩 센터이자 카페예요. 앵무새들이 안전하게 자유비행을 할 수 있고 앵무새가 없으신 분들도 오실 수 있어요~ 앵무새들은 거기에 있는 새로운 친구들하고 놀 수 있고 나무에도 올라갈 수 있어요. 여긴 소형앵무는 분양하지 않고 중대형 앵무새만 분양해요. 예쁜 앵무새들 진짜 많아요. 티비에도 종종 나오는 핫플이에요!

서울앵무새

서울 성수동에 있는 핫플이에요. 정말 인기 많은 곳인데, 엄마가 카페에 가기 전에 사장님께 인스타로 앵무새 데려가도 되는지 여쭤봤더니 엄청 환영해 주시면서 저희가 가기 전에 직원분들에게 저희 오면 전해주라고 케이크를 4개나 준비해 주셨어요. 정말 새를 사랑하는 분들은 모두 착한가 봐요.

버드 파라다이스 in Singapore

싱가포르에는 새가 정말 많아요. 백화점이 많았던 어느 거리에는 나무에서 지저귀는 새소리에 엄마와 대화를 나눌 수 없을 정도였어요. 전 그래서 싱가포르를 사랑해요.
특히 버드 파라다이스는 앵무새를 사랑한다면 꼭! 가봐야 하는 곳이에요.

Must to go

앵무새를 키우려면 당연히 공부를 해야 해요. 잘못된 정보도 정말 많기 때문에 유튜브나 네이버 카페보다는 책을 읽거나 앵무새 전문점 사장님께 자주 여쭤봐야 해요.

가까운 곳에 언제든지 갈 수 있는 병원을 찾아놓으세요.
앵무새들은 대부분 튼튼해요. 아주 큰 장점이에요. 하지만, 아플 수 있어요. 그러니 언제든지 병원에 갈 수 있도록 집 주변에 병원을 검색해 놓으세요.

내가 좋아하는 것은 앵무새라고 주변 사람들에게 말해요.
그러면 선물 받을 때 앵무새와 관련된 것들을 많이 받을 수 있어요.

앵무새 고사
1차

앵무새 고사

이름

점수

1) 빈칸에 알맞은 말을 보기에서 골라 써넣으시오.

⟨ 보기 ⟩

색, 소리, 다르다, 같다(1개는 함정입니다).

- 앵무새는 미묘한 (   )의 차이까지 구분해 낸다.
- 동료 앵무새들의 (   )을/를 구별한다.
- 개체에 따라 만지면 좋아하고 싫어하는 곳이 (   ).

2) 앵무새가 대단한 이유를 한 가지 쓰시오.

3) 앵무새가 기지개를 켜는 이유를 한 가지 쓰시오.

4) 앵무새가 머리를 숙이고 다가오는 이유는 무엇일까요?

    a. 인사를 하는 것이다.

    b. 위협을 하는 것이다.

    c. 즐겁기 때문이다.

    d. 응석을 부리는 것이다.

5) 앵무새가 먹으면 위험한 음식을 모두 고르시오.

    a. 토끼풀

    b. 초콜릿

    c. 고구마

    d. 체리

    e. 아보카도

6) 앵무새가 날개를 펴고 새장 위에 있는 행동의 뜻을 서술하시오.

앵무새 고사
2차

앵무새 고사

이름

점수

1) 사실인 것에 ○표 하시오.

① 유리앵무는 남미에서 왔다. (　)
② 모란앵무는 회색앵무와 분포도가 다르다. (　)
③ 블루헤드 파이오누스는 중형 앵무이다. (　)
④ 추초앵무를 사랑앵무라고도 부른다. (　)
⑤ 레드컬러 로리킷은 유일하게 꿀을 못 먹는 앵무새이다. (　)

2) 앵무새가 아픈지 안 아픈지 구별하는 방법을 한 가지 쓰시오.

3) 알맞은 이름을 고르시오.

a. 미맹앵무
b. 꿀단지앵무
c. 목도리앵무
d. 노란꼬리앵무

4) 빈칸에 알맞은 말을 써넣으시오.

　　앵무새는 (　　　　)다.

5) 알맞은 단어에 ○표 하시오.

　　① 앵무새는 대변과 소변을 (동시에/따로) 배설한다.
　　② 왕관앵무는 사람에게 (온순하다/예민하다).

6) 소형 앵무새를 3가지 이상 쓰시오.

7) 반드시 필요한 사육용품을 2가지 이상 쓰시오.

정답✓

1회

1. 색, 소리, 다르다
2. 예) 귀엽다, 말을 할 줄 안다 등
3. 예) 무언가를 시작하기 위해 ('개시 행동'이라고 부름)
4. d
5. b, e
6. 자신의 영역임을 주시하는 것이다.

2회

1. ①, ③에 ○표
2. 예) 손가락에 올려봤을 때, 잘 붙잡고 있으면 괜찮은 것이고 균형을 잡지 못하고 미끄러지거나 떨어지면 아픈 것이다.
   항문이 젖어 있는지 확인해서 젖어 있으면 아픈 것이다.
3. c
4. 예) 귀엽
5. 동시에, 예민하다
6. 예) 사랑앵무 유리앵무, 부케도라지앵무
7. 새장, 모이 그릇

투투 코코 또또
일상 사진

투투

코코

씨씨

에필로그

반려동물 끝판왕 앵무새를 추천합니다!

　이 책을 읽고 제가 앵무새만 좋아한다고 생각하실 수 있습니다. 하지만 저도 예전에 강아지나 고양이를 키우기 바랐습니다. 항상 고양이에 대한 프로그램을 본방사수 하고, 길에 지나가는 견주들을 부러워했습니다. 제 별명이 'Juha the cat'이었을 정도니까요. 하지만 그러던 어느 날 앵무새라는 반려동물이 불쑥 제 뇌 한 자리에 떡하니 자리를 잡았습니다. 그때부터, 어느 앵무새 종류가 있는지 간단히 조사하고, 앵무새는 어떻게 키우는지 유튜브에 찾아보았습니다. 그리고 나서 앵무새를 키우고 나니 저에게 있어 딱 맞는 반려동물은 앵무새라는 사실을 알았어요. 여전히 다른 동물들도 좋아하지만, 저는 앵무새가 가장 좋습니다.

저는 고양이를 키우고 싶다고 엄마, 아빠한테 엄청 졸랐어요. 아기 길냥이를 보고 엄마랑 같이 병원에 가서 고양이 알러지 검사를 받기도 했어요. 근데, 엄마는 머뭇거리기만 했어요. 그리고 고양이와 강아지에 대한 텔레비전 프로그램을 많이 봐서 그런지 엄마와 아빠는 문제 행동을 하는 고양이를 기를까 봐 걱정을 많이 했어요.

하지만 저는 포기하지 않았어요. 아래의 동시는 제가 3학년 때 쓴 건데, 엄마가 이 동시를 읽고 앵무새를 사주기로 결심했다고 하셨어요.

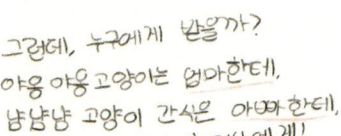

내 생일선물은…

박주하

내 생일선물은,
야옹야옹 고양이,
냠냠냠 고양이 간식,
번쩍번쩍 새옷!

그런데, 누구에게 받을까?
야옹 야옹 고양이는 엄마한테,
냠냠냠 고양이 간식은 아빠한테,
번쩍번쩍 새옷은 할머니에게!

생일선물 열면,
와!
짝짝짝!
고맙습니다!

자, 그러면 제가 부모님이 앵무새 키우는 것을 반대하시거나 나중에 키워라~라고 회피하시는 경우, 가장 빠른 시간 안에 앵무새를 키울 수 있는 비법을 알려줄게요.

o 앵무새를 키우고 싶은데 부모님이 허락을 안 해주신다고요?

다음 순서를 따라 해보세요!

① 부모님이 강아지나 고양이를 부담스러워 하신다면 최대한 강아지나 고양이로 조르세요. (ex. 엄마 나 강아지 키우고 싶어ㅓㅓㅓㅓ)
② 2주~한 달 동안 계속 ①번 하기
③ ②번을 끝냈다면 서서히 강아지와 고양이 이야기는 하지 말고 앵무새로 넘어가기
④ 앵무새 어필하기

앵무새 어필은 어떻게 하나요?
앵무새의 장점을 말하면 되는데 너무 쉽지 않나요?

ex) 앵무새는 강아지와 고양이보다 털이 덜 빠집니다.
- 아파트라면 강아지 짖는 소리가 걱정될 텐데 앵무새는 이웃에게 피해도 안 가고 실제로도 조용합니다 (시끄러운 건 잠깐이에요).
- 앵무새는 고양이처럼 화장실 청소를 안 해주어도 됩니다.

- 고양이처럼 캣타워나 캣휠 같은 큰 가구를 구입하지 않아도 됩니다.
- 강아지처럼 필수적으로 산책을 안 해줘도 됩니다.
- 고양이처럼 산책을 싫어하지도 않습니다.
- 사람의 심리를 잘 이해합니다.
- 말을 가르치는 재미가 있습니다.
- 강아지나 고양이보다 훨씬 오래 삽니다.
- 귀엽습니다.

여러분도 꼭 앵집사가 되시길 응원할게요~!

인터넷에 앵무새를 검색했을 때 가장 먼저 나오는 게 뭔지 알아요? 『앵무새 죽이기』라는 책이 추천검색어에 제일 먼저 떠요. 그 작가는 무슨 말을 하고 싶었던 걸까요? 제목이 너무 잔인해요. 귀엽고 순수한 앵무새는 누군가에게는 소중한 반려동물이자, 친구이고, 가족인데 말이에요. 귀여운 앵무새 사진을 보고, 앵무새를 공부하고 싶은 마음으로 인터넷에 '앵무새'를 검색했는데 『앵무새 죽이기』라니… 너무 속상했어요.

강아지나 고양이를 검색하면 강아지 TV프로그램, 고양이 간식과 같이 정상적이고 좋은 검색어가 넘치는데 왜 앵무새한테만 이럴까 싶은 마음이 들어요. 하다못해 물고기를 검색해도 물고기 사료,

어항 같은 게 나오는데 그 책이 있다는 이유로 앵무새 사진, 앵무새 사료가 나오기 전에 『앵무새 죽이기』가 나와요. 저는 지금보다 더 많은 사람들이 앵무새를 키워서 앵무새도 강아지와 고양이처럼 인기 많은 반려동물이 되고, 그래서 앵무새를 검색했을 때 『앵무새 죽이기』보다 앵무새 사진, 앵무새 사료 등이 먼저 검색되길 진심으로 바라고 있어요. 앵무새는 정말 사랑스럽고 귀여워요. 여러분도 앵무새의 매력에 빠져보세요.

Thanks to

먼저 하나님께 감사를 드립니다.
새를 창조해 주셔서 정말 너무너무 감사해요.
이 책이 나올 수 있도록 도와준 엄마, 아빠
제 그림이 더욱 빛나도록 잘 가르쳐 주신 운중동 미술학원 최지희 선생님,
제가 그리지 못한 앵무새 감정과 건강 부분의 그림을 그려주신 엄마 친구 방배동 수목 미술 이성민 선생님,
제 글을 감수해 주시고 모든 사진을 사용하도록 허락해 주신 버드파파, 비드마마 이종호 사장님,
그리고 무엇보다 소중한 내 친구이자, 내 가족인
투투, 코코, 또또에게 감사의 인사를 전합니다.

반려동물 끝판왕
앵무새

초판 1쇄 발행 2023. 12. 8.

지은이 박주하
펴낸이 김병호
펴낸곳 주식회사 바른북스

편집진행 김재영
디자인 배연수

등록 2019년 4월 3일 제2019-000040호
주소 서울시 성동구 연무장5길 9-16, 301호 (성수동2가, 블루스톤타워)
대표전화 070-7857-9719 | **경영지원** 02-3409-9719 | **팩스** 070-7610-9820

•바른북스는 여러분의 다양한 아이디어와 원고 투고를 설레는 마음으로 기다리고 있습니다.

이메일 barunbooks21@naver.com | **원고투고** barunbooks21@naver.com
홈페이지 www.barunbooks.com | **공식 블로그** blog.naver.com/barunbooks7
공식 포스트 post.naver.com/barunbooks7 | **페이스북** facebook.com/barunbooks7

ⓒ 박주하, 2023
ISBN 979-11-93647-14-1 03810

•파본이나 잘못된 책은 구입하신 곳에서 교환해드립니다.
•이 책은 저작권법에 따라 보호를 받는 저작물이므로 무단전재 및 복제를 금지하며,
이 책 내용의 전부 및 일부를 이용하려면 반드시 저작권자와 도서출판 바른북스의 서면동의를 받아야 합니다.